YouTube爆款视频

AI时代跨境电商新风口

（全彩版）

孟想◎著

電子工業出版社
Publishing House of Electronics Industry
北京·BEIJING

图书在版编目（CIP）数据

YouTube爆款视频 : AI时代跨境电商新风口 / 孟想著. -- 北京 : 电子工业出版社, 2025. 9. -- ISBN 978-7-121-51050-2

Ⅰ. F713.36

中国国家版本馆CIP数据核字第2025TU9792号

责任编辑：滕亚帆
印　　刷：北京缤索印刷有限公司
装　　订：北京缤索印刷有限公司
出版发行：电子工业出版社
　　　　　北京市海淀区万寿路173信箱　　　　邮编：100036
开　　本：720×1000　1/16　印张：13.25　　字数：200千字
版　　次：2025年9月第1版
印　　次：2025年9月第1次印刷
定　　价：89.80元

凡所购买电子工业出版社图书有缺损问题，请向购买书店调换。若书店售缺，请与本社发行部联系，联系及邮购电话：（010）88254888，88258888。

质量投诉请发邮件至zlts@phei.com.cn，盗版侵权举报请发邮件至dbqq@phei.com.cn。

本书咨询联系方式：faq@phei.com.cn。

前言

出海必做 YouTube

如果你正在经营出海业务，是否也面临以下这些问题?

- 海外客户资源日益枯竭。
- 广告投放和邮件营销效果每况愈下。
- 展会成本居高不下，平台流量费用飙升，转化率却持续走低。
- 内容持续输出，却始终无法打通变现路径。

……

不必焦虑，本书将带你开辟全新赛道——通过 YouTube 内容营销打开局面。我将十年实战经验浓缩成这本通俗易懂、即学即用的实战指南，助你足不出户、不依赖巨额投放，也能让目标用户主动找上门。

如果你正在努力开拓海外市场、寻找新的流量渠道和业务增长模式，那么这本书就是为你量身打造的。

多年来，我一直习惯用文字进行自我介绍，直到某一天突然意识到一个矛盾：作为长期从事视频营销的专业人士，我经常向客户强调视频的价值，却从未真正用视频介绍过自己。这次，我决定用视频形式完成“自我介绍”，同时也为那些仍在观望视频营销价值的朋友们做一个直观的示范——让大家亲眼见证视频传播的独特魅力。

当然，由于图书是纸质出版物，读者朋友可以扫描下方的二维码（见图 1）观看这段示范视频。

图 1

我正式接触 YouTube 平台是在 2014 年，契机来自一个工程机械行业的客户。当时他们发现，国外竞争对手早已在 YouTube 上深耕多年——只要在 Google 页面搜索相关产品关键词，几乎所有结果都是这些同行的视频，很多甚至排在搜索结果首页，播放量动辄几十万次，还能带来持续不断的询盘和订单。而客户当时唯一的获客渠道是 Google 广告，用户每次的点击成本高达几十元，还不一定能转化为有效用户。于是客户找到我，希望我能帮助他们运营 YouTube 平台。

这个需求对我来说是一个巨大的挑战。在此之前，我的主要研究方向是 Facebook 运营。巅峰时期，我曾同时为 300 多家企业提供长期稳定的运营服务。但当时我对视频平台几乎一无所知，特别是在拍摄制作方面完全是门外汉：怎么拍摄？如何剪辑？内容怎么策划？完全没有经验。但为了不辜负客户对我的信任，我最终还是决定接受这个挑战。

基于对视频内容的浓厚兴趣，我从创意策划、拍摄剪辑到投放运营，为客户提供了全流程服务。令人惊喜的是，首条视频就为客户带来了 1500 万元的订单转化。坦白说，当时连我自己都感到难以置信，但现在复盘来看，成功的秘诀其实很简单——就是“用心做好内容”。

当时客户研发了一款解决行业痛点的创新产品，但由于单价较高，很多潜在客户在没有实际体验前都持观望态度。为此，我们特别采用三维动画技术，生动模拟产品使用场景，直观展示其核心优势。视频发布后效果立竿见影，直接促成三个大额订单成交。

通过这次实践，我总结出三个关键成功要素：首先是产品本身确实切中市场需求痛点；然后是视频真实还原了产品应用效果，极具说服力；最后是我们的视频制作水准专业，充分展现了企业的技术实力。正是这次成功合作，客户后续将更多 YouTube 运营工作委托给了我们。2014 至 2015 年间，我们通过 YouTube 平台累计为客户创造超过 6000 万元的产值，这也更加坚定了我深耕 YouTube 领域的决心。

当然，这条探索之路并非一帆风顺。整整三年时间，我几乎将所有精力都投入“如何制作优质视频”这个课题上。其间我购置了大量专业设备：无人机、单反相机、灯光系统、稳定器等，并系统学习了 Premiere、Final Cut Pro、After Effects、Adobe Audition 等专业软件。那几年，我的视频制作技术突飞猛进，从企业宣传片到三维动画、特效包装无所不精。但渐渐地，我发现视频的流量表现却在持续下滑。

直到 2019 年抖音的崛起，让整个外贸行业重新认识到视频营销的价值，也让我回归到最擅长的领域——平台运营。随着越来越多客户希望我帮助他们系统运营 YouTube 账号，我正式转型进入培训领域，将自己多年积累的实战经验、方法论以及踩过的坑，系统梳理成课程体系，手把手地教大家怎么做。

自 2019 年至今，我们已累计培养超过 10 万名全球学员，覆盖线上线下渠道。在众多学员中，涌现出许多令人瞩目的成绩：有的单条视频播放量突破 500 万次、1000 万次甚至 1.9 亿次；部分学员账号订阅量已突破 10 万次、20 万次门槛，更有佼佼者即将跻身百万次订阅量行列；有学员通过 YouTube 直播带货创下 3 个月销售额破亿元的纪录，也有学员依托 YouTube 合作伙伴计划实现月入 10 万美元的收益。

这本书的定位非常明确——它不是为那些只想听成功故事的旁观者准备的，而是专为渴望通过 YouTube 实现业务突破的行动者量身打造的。我撰写本书的目的，就是要将过去 10 年实战过程中验证有效的方法论和运营体系毫无保留地传授给你。

如果你正深陷流量困境、获客瓶颈、信任危机或转化难题，这本书或许正是你期待已久的解决方案指南。

当前国内短视频培训领域如火如荼，但真正深耕 YouTube 赛道的专业导师寥寥无几。所以，这本书，不只是经验分享，更是我交出的一个阶段性的答卷。

YouTube 经典视频案例

我想和大家分享 YouTube 上的两个经典视频案例，一个偏向产品营销（见图 2），来自“Blendtec's Will It Blend?”频道；另一个则侧重品牌宣传（见图 3），来自“David Preece”频道。对于想通过视频实现产品推广或品牌曝光的企业来说，这两条视频都极具代表性，播放量分别超过了 1500 万次和 2300 万次，至今仍被许多从业者反复研究、借鉴。读者可以扫描下方的二维码观看。

图 2

图 3

这两个案例或许能为你的内容运营带来全新启发。第一个案例是某水果搅拌机的产品视频，它的最大亮点在于巧妙“蹭”热点。视频创作者抓住了“iPhone 上市”这一当时的热门话题，将一部完好的 iPhone 丢进搅拌机测试粉碎效果。这种极具视觉冲击力的创意，在评测类视频中异常吸睛，迅速引发大规模转发和热议。

虽然大多数产品并不具备如此强烈的“实验属性”，也未必都能实现 1500 万次播放量，但这个案例揭示了一个关键策略：可以巧妙借热点的力量。通过将热门话题自然融入内容，让用户在好奇心的驱使下自动接收产品信息，从而推动视频进入平台推荐池。

当流量大量涌入时，就会自动完成对潜在客户的筛选过程：有人会在评论区提问，有人会直接点击链接购买，甚至有人会主动发送询盘。这就形成了一个近乎自动化的“内容带货 + 客户转化”闭环。这个案例不仅实现了高播放量，还达成了高成交转化，是 C（Consumer，客户）端传播与 B（Business，企业）端转化双赢的典范。

第二个案例是一条品牌宣传视频，来自依云矿泉水。整条视频时长1分16秒，但在前1分10秒内，用户几乎看不出它在“卖什么”。内容本身轻松有趣，属于高度娱乐化的创意短片。大多数用户出于好奇都会完整看完视频，直到最后6秒，依云的品牌Logo才悄然出现。

这种“看似无广告实则强营销”的方法，以几乎零硬广的方式极大加深了品牌印象。该视频最终获得2300万次播放量，成为品牌营销领域经常被引用的经典案例之一。

通过这两个案例，我更加确信一个事实：平台本身确实蕴藏巨大流量，但关键在于你是否有能力抓住这些流量，并将其有效转化为商业价值。

你要相信，YouTube确实是一个拥有巨大流量的平台，你完全能够在这个平台上构建从“内容曝光”到“订单成交”的完整闭环。这也正是我决定撰写这本书的根本原因——我的初衷不是空谈理论，而是希望为你提供一本真正可落地、可实操的“出海营销实战手册”。

我期待这本书不仅能成为YouTube运营新手的启蒙读物，更能作为一套切实可行的实战指南，帮助你通过视频内容打开面向全球市场的增长通道。

目录

第 0 章

YouTube 频道形象打造

很多人往往会忽视一个关键环节——账号的整体包装与视觉形象建设。即使视频内容再好，如果账号本身缺乏专业度和信任感，用户可能连点击的兴趣都不会有。

本章将手把手教你如何打造一个让人想点击、愿意观看、愿意关注的专业 YouTube 频道，尤其适合刚起步的个体创作者和中小企业。

0.1　YouTube 账号与 YouTube 频道

很多新手常常搞不清楚 YouTube 账号与 YouTube 频道之间的关系。我来帮大家厘清这个逻辑：其实 YouTube 账号和 Google 账号是一回事儿，都是基于 Gmail 邮箱格式的。也就是说，只要你拥有一个 Google 账号，就可以使用 Google 旗下的所有产品（见图 0.1）。这个逻辑可能有点儿绕，你只需要记住它们属于同一个体系——就像拥有微信账号后，你可以使用腾讯旗下的一系列产品，比如腾讯邮箱、腾讯视频、视频号等。

图 0.1

当你拥有 Google 账号后，就可以直接登录 YouTube 平台了。不过要注意，能登录 YouTube 平台只代表你成为 YouTube 用户，可以无限制地浏览平台上的视频内容，但这并不意味着你就能发布视频。想要发布视频，你必须先创建频道，而创建频道的前提就是你已经拥有 YouTube 用户身份（即 Google 账号）。

简单来说，Google 账号就像“自然人”的身份，而 YouTube 频道则像这个自然人名下注册的“公司”。就像同一个自然人既可以开电商公司，又可以办工厂、开咖啡店一样，一个 Google 账号同样可以创建多个不同类型的 YouTube 频道。比如，你可以开设一个品牌频道专门展示产品；同时还能开设另一个频道分享生活日常、兴趣爱好或个人观点，将其作为个人频道。

很多人担心“一个账号创建多个频道”是否会被平台判定为违规，实际上这是平台完全允许的操作，而且创建新频道的门槛比注册账号要低得多。

当你拥有一个 YouTube 账号后，完全可以创建多个频道（见图 0.2）。平台只需要你进行一次手机号验证，这个步骤只是为了确认你的真实身份，而不会限制你创建频道的数量。

图 0.2

以下是创建 YouTube 频道的具体步骤（以电脑端为例）。

（1）首先登录你的 Google 账号，打开 YouTube 官网首页。

（2）点击右上角的头像图标，选择“创建频道”或“Your

Channel”选项。

（3）点击“自定义频道名称”，输入你想要的频道名称。

（4）系统会引导你上传头像和添加简介，这些步骤也可以先跳过，后续再设置。

（5）创建完成后进入频道主页，点击“自定义频道”即可开始进行横幅设计、频道布局等进一步设置。

你也可以通过点击账号主页右上角的“头像”，在下拉菜单中选择“设置 > 添加或管理你的频道”来创建更多的频道。每个频道都是独立运营的，可以拥有不同的内容定位、目标受众和视觉风格。

0.2　五步让你的 YouTube 频道更专业

账号注册完成后，第一步要做的不是急着发布视频，而是把频道的“门面”包装好。一个专业、可信的频道“门面”，是吸引用户点击、建立品牌信任的关键第一步。商业频道中的“Apple”和“DJI”绝对是行业天花板级别的存在，建议大家学习借鉴它们的频道设计。这里我提供“Apple”的频道页面截图作为参考（见图 0.3）。

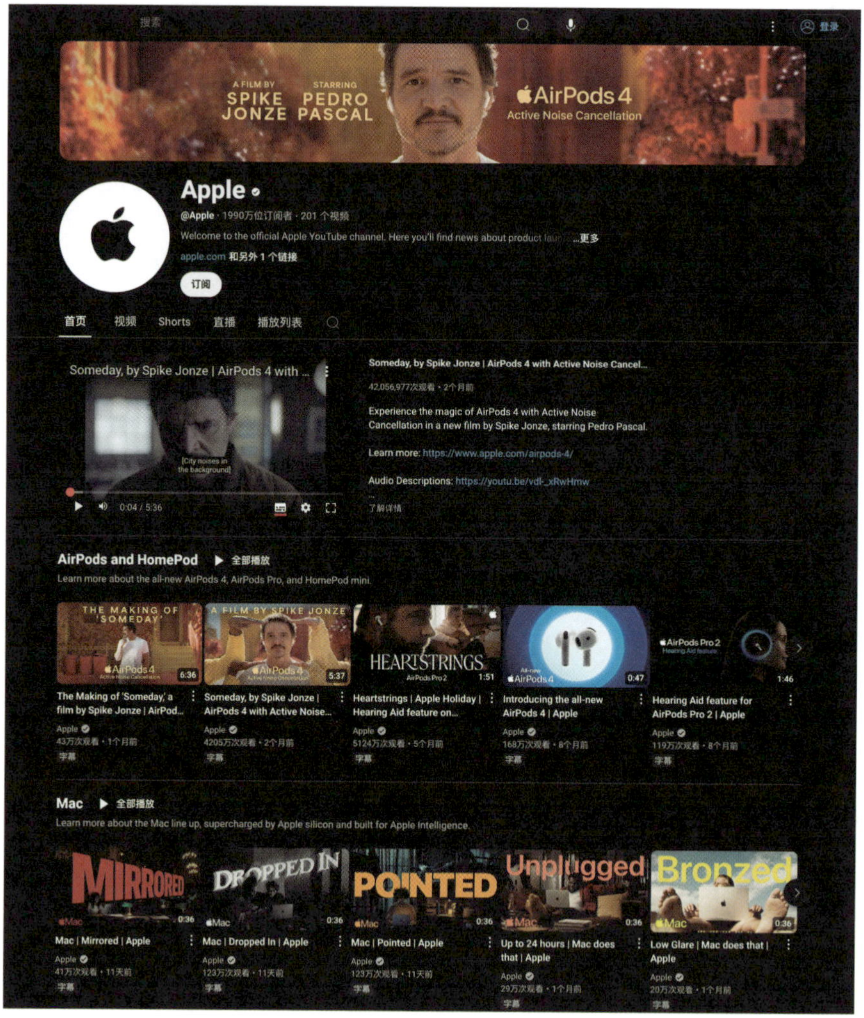

图 0.3

关于 YouTube 频道的视觉与信息结构，主要由频道名称、频道头像、频道横幅、频道简介和频道首页自定义布局区域五个关键要素构成，本节将一一讲解。

0.2.1　频道名称：一句话传递你的专业定位

频道名称要简单、清晰、有辨识度，能够快速告诉用户：你是做什么的。这里需要特别说明，Apple 和 DJI 这类大品牌的频道命名方式并不适合我们作为参考，因为它们本身已经具备品牌知名度。对于普通企业和个人频道，建议参考以下命名原则。

（1）推荐采用“关键词 + 内容定位”的组合方式，比如“SolarTech 课堂”“外贸说”“MX 剪辑术”等。

（2）如果是打造个人 IP，可以使用“人名 + 领域”的方式，例如“孟想说油管”。

（3）要避免使用过长、抽象或难以记忆的名称，特别是与频道内容无关的词汇。

为了让创作者更容易理解，我根据不同的频道类型整理了几组具有参考价值的命名示例。

（1）工业、外贸和制造类。

- “外贸头条”，其特点是具有“关键词 + 内容定位”经典结构。
- “出海装备说”，其特点是定位清晰，适合机械设备类频道。
- “海外电商小工厂”，其特点是兼顾人设与行业场景。
- “Export Pro 外贸课堂”，其特点是中英结合，专业感强。

（2）视频剪辑、教学类。

- “剪辑不求人”，其特点是风格轻松，口语化，易记。

- “剪映实战室”，其特点是具备“工具 + 实战”属性，内容精准垂直。
- “AI 视频实验室”，其特点是结合趋势关键词。
- “视频运营笔记”，其特点是体现持续更新。

（3）个人 IP、知识分享类。

- “孟想说油管”，其特点是具备“人名 + 领域”的属性，极具辨识度。
- “Leo 的爆款研究所”，其特点是同时具备“人设 + 实用 + 专业”的属性。
- “Ella 讲故事”，其特点是适合情感类、故事型频道。
- “饭后 5 分钟营销课”，其特点是节奏感强，易形成记忆点。

0.2.2 频道头像：让人一眼记住你是谁

频道头像在 YouTube 生态中扮演着至关重要的角色，它会出现在视频下方、评论区、搜索结果等多个重要位置，是塑造频道“第一印象”的关键元素，相当于你在平台上的“面孔”。

（1）对于个人账号，强烈推荐使用高清、正脸、背景简单的真人照片。相比冷冰冰的图标，真实人物形象更具亲和力，能够在社交互动中建立情感连接，显著提升观众的信任感和黏性。

（2）对于企业或品牌账号，很多人习惯放置 Logo 或产品图标，但需要特别说明：国际知名品牌可以沿用这个做法，因为它们已经具备品牌认知度；而对于正在开拓市场的品牌，建议采用更具“人性化”的设计方案——例如使用人物在工厂或工作场景中的合影图片（见图 0.4），这样既能保持品牌辨识度，又能通过真实人物元素增强频道的亲切感和可信度。

（3）YouTube 官方推荐的理想头像规格是 800 像素 ×800 像素的正方形图片，建议使用高质量的 PNG 或 JPG 格式图片。上传时需确保主体居中、图像清晰可辨，避免出现模糊或失真的情况。

图 0.4

0.2.3　频道横幅：传递频道定位与风格

频道横幅（Banner）是用户访问主页时最先看到的大尺寸视觉区域，其作用相当于你的品牌展示窗口，直接决定了用户对“你是谁、你是做什么的”的第一印象。很多企业在设计频道横幅时往往只放产品图或精修海报，虽然视觉效果精致，却缺乏真实感。真正能打动用户的，不是设计得有多华丽，而是能否让他们感受到“这是一个真实存在的品牌 / 人物”。

在我看来，频道横幅不仅是视觉装饰，更像一扇展示窗口，让远在世界另一端的用户透过这张图片就能看到你的真实样子。

（1）对于个人 IP 账号，建议直接使用真人实拍照片，传递真实感和亲和力。

（2）对于企业账号，推荐采用“真实人物 + 工作场景（工厂或办公室）”的组合设计（见图 0.5），既能展现人文气息，又能保持专业形象。

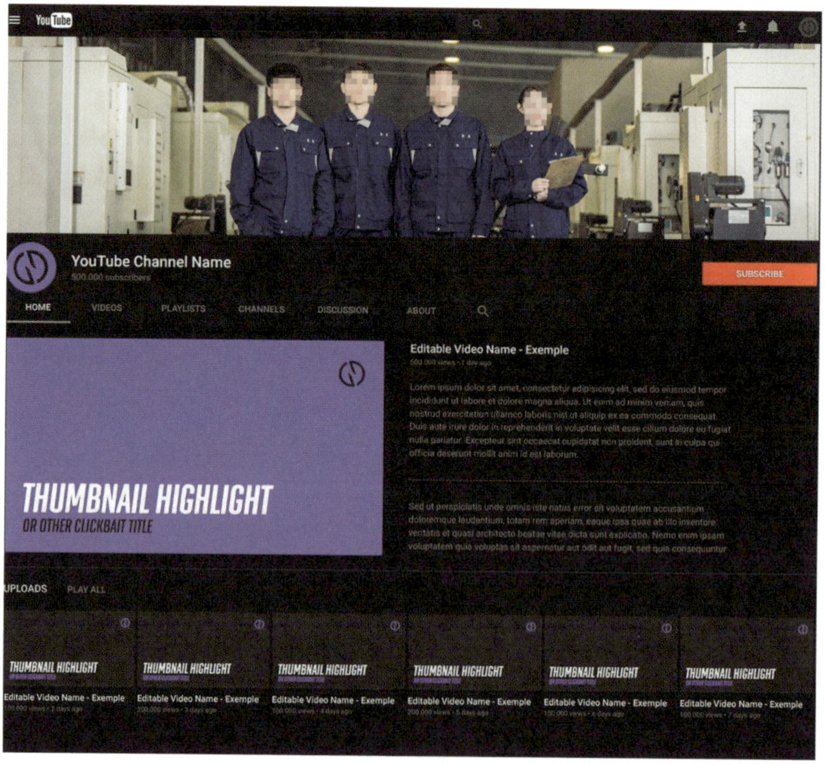

图 0.5

以上设计方式不仅真实展现了你的运营环境，更能在无形中拉近与用户的距离，让用户产生信任感并愿意长期关注你的频道。

（1）推荐使用 2560 像素 ×1440 像素的标准尺寸，其中中央的 1546 像素 ×423 像素区域为“安全显示区域”，务必确保核心内容不会被其他界面元素遮挡。

（2）横幅内容建议包含：频道主旨（如“专注太阳能技术应用”）、更新频率（如“每周三更新”）、引导语（如“立即订阅获取最新教程”），以及一句简单有力的 Slogan（如“十年专注一件事”），这些元素能有效提升频道的专业形象和可信度。

0.2.4　频道简介：从用户角度出发，三句话建立信任

频道简介不是企业宣传册，而是与潜在用户建立信任的第一步。它的核心价值不在于“展示你的实力”，而在于“明确告诉用户你能为他们解决什么问题”。

频道简介的结构也应该围绕这个逻辑，采用“用户视角导向”的三句话模式。

（1）“你能为用户提供什么？”例如，“在这里你将学会如何通过 YouTube 精准引流、低成本获取海外客户”。

（2）“你在做什么样的内容？”例如，“分享短视频实操技巧、选题策略、AI 剪辑工具”。

（3）“你是谁？”例如，“一位拥有 10 年实战经验的 YouTube 运营导师”。

很多创作者容易陷入误区，把频道简介写成公司简介，过度强调“我们规模多大”“获得多少奖项”。实际上，用户最关心的是“你能帮我解决什么实际问题？”因此，优质的频道简介必须从“用户获益”的角度出发，用一句话解决用户的困惑、激发他们的兴趣，让用户在 3 秒内就能判断：“这个频道的内容，是为我准备的。”

0.2.5 频道首页自定义布局区域：让内容成为你的“展示橱窗”

如图 0.6 所示，YouTube 为创作者提供了频道首页自定义布局区域，这是很多人容易忽略却又极具战略价值的重要区域。科学合理的首页内容布局不仅能提升用户的浏览体验，更能显著增加用户的页面停留时长，甚至直接关系到订阅转化效果。

常见布局建议如下。

（1）热门视频：优先展示高播放量视频，快速建立频道权威性和提升用户吸引力。

（2）最近上传：及时展示最新内容，体现创作者的活跃度。

（3）主题播放列表：按内容主题分类，增强观看连贯性。

（4）引导板块：设置“欢迎新用户”的介绍视频或精选推荐，快速建立初始信任感。

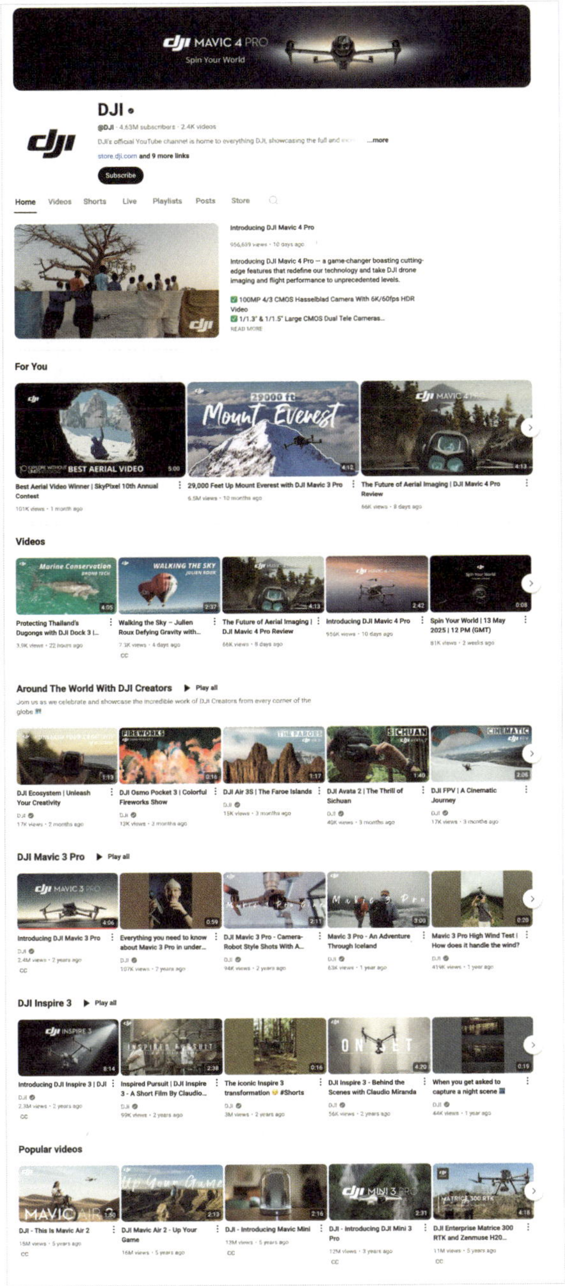
MAVIC 4 PRO
Spin Your World
DJI
Subscribe
Home
Videos
Shorts
Live
Playlists
Posts
Store
Introducing DJI Mavic 4 Pro
For You
BEST AERIAL VIDEO
Mount Everest
Best Aerial Video Winner | SkyPixel 10th Annual Contest
29,000 Feet Up Mount Everest with DJI Mavic 3 Pro
The Future of Aerial Imaging | DJI Mavic 4 Pro Review
Videos
Protecting Thailand's Dugongs with DJI Dock 3 I...
Walking the Sky – Julien Roux Defying Gravity with...
The Future of Aerial Imaging | DJI Mavic 4 Pro Review
Introducing DJI Mavic 4 Pro
Spin Your World | 13 May 2025 | 12 PM (GMT)
Around The World With DJI Creators
Play all
DJI Ecosystem | Unleash Your Creativity
DJI Osmo Pocket 3 | Colorful Fireworks Show
DJI Air 3S | The Faroe Islands
DJI Avata 2 | The Thrill of Sichuan
DJI FPV | A Cinematic Journey
DJI Mavic 3 Pro
Play all
Introducing DJI Mavic 3 Pro
Everything you need to know about Mavic 3 Pro in under...
DJI Mavic 3 Pro - Camera-Robot Style Shots With A...
Mavic 3 Pro - An Adventure Through Iceland
Mavic 3 Pro High Wind Test | How does it handle the wind?
DJI Inspire 3
Play all
Introducing DJI Inspire 3 | DJI
Inspired Pursuit | DJI Inspire 3 - A Short Film By Claudio...
The iconic Inspire 3 transformation #Shorts
DJI Inspire 3 - Behind the Scenes with Claudio Miranda
When you get asked to capture a night scene
Popular videos
DJI - This Is Mavic Air 2
DJI Mavic Air 2 - Up Your Game
DJI - Introducing Mavic Mini
DJI - Introducing DJI Mini 3 Pro
DJI Enterprise Matrice 300 RTK and Zenmuse H20...

图 0.6

很多新手在设置首页时容易陷入一个典型误区：将所有视频都堆砌在首页，试图“展现内容丰富度”。但这样反而会造成“信息过载”，用户不知道从哪条视频看起。

请谨记，用户的注意力非常有限。当他们进入你的频道首页时，只想快速找到与他们最相关、最有价值的内容。正确的做法是，将频道首页视为一个精心设计的落地页——从“用户最关心的问题”出发，逐步引导至你的视频解决方案，最终导向你的服务或联系方式，形成一条清晰的价值传递路径。

因此，即便你已经发布了上百条视频，首页只需精选展示 10 个“最想让用户看到”的视频或播放列表即可。你要主动为用户做减法，将最具价值和转化力的内容放在最显眼的位置。这才是首页布局的真正意义。

通过以上五个维度的精心优化，即使是一个刚起步的频道，也能呈现出专业、可信、条理分明的形象，为后续内容传播奠定坚实基础。

第 1 章

现在是做 YouTube 的最好时机

本章我将以“拆解＋解读”的方式，带读者去理解那些蕴藏在数据背后的真正价值。我们经常会看到各个平台发布的数据信息：用户量庞大、使用时间增长、覆盖国家众多……似乎每个平台都能发布一套看起来亮眼的数字。但问题是，这些数字到底意味着什么，它们是否真的和我们息息相关？而 YouTube 平台上的这些数据，与其他平台上的“数字秀”相比，又有什么本质区别？

数据的价值，从来不在于它有多庞大，而在于我们是否看懂了它背后暗藏的趋势与逻辑。YouTube 的全球体量、用户结构、使用习惯和平台定位，决定了它远远不只是一个“视频播放网站”，而是一座连接企业与用户的桥梁。

所以，我们不仅要学会看数据，更要看穿数据——数据说明了什么？背后藏着什么样的流量逻辑与内容机会？YouTube，是否值得我们认真布局？我们的品牌、产品或内容，能否借助这个平台真正连接全球用户？

看看以下这组数据。

（1）YouTube 是 Google 旗下产品。

（2）它是全球第一大视频网站。

（3）它是全球第二大搜索引擎（仅次于 Google 搜索）。

（4）YouTube 月活跃用户数超过 23 亿，总用户数占全球网民三分之一。

（5）平均每个用户每天在 YouTube 上停留 1 小时。

（6）平台每天新增超过 57 万小时的视频内容。

（7）YouTube 覆盖全球 80 多种语言、100 多个国家和地区。

（8）年龄分布上，18 到 34 岁用户是主力人群。

单从数据上看，很多人会觉得 YouTube 平台很厉害，但是又和我有什么关系呢？读完本章你会发现，这组看似普通的数据，其实正是 YouTube 快速增长的核心原因。

1.1 YouTube“吃透”Google 搜索红利

如何理解 YouTube 在 Google 体系中的特殊地位？

作为 Google 旗下的核心产品，YouTube 在流量分发、搜索排名、生态支持等方面享有显著优待。这种“显著优待”不是偶然，而是平台战略级资源倾斜的结果。确实，Google 对 YouTube 是有“偏爱”的。

我们来看下面一组案例数据截图（见图 1.1）：不管是在 Google 上搜索关键词“激光雕刻机”“沥青搅拌站”，还是关键词“包装机械”“led 对比 oled”，我们都能在其搜索首页看到一个非常明显的内容模块——YouTube 视频内容板块。

图 1.1

也就是说，YouTube 上的视频会在 Google 搜索首页展示，并且位置非常靠前。

具体来看 Google 搜索首页的内容结构，具体如下。

（1）顶部是付费广告位。

（2）中部会展示图片、维基百科内容和 YouTube 视频内容。

（3）中部靠下是网站的自然排名。

（4）在底部，可能还有一些广告位。

以上就是 Google 搜索首页的“模型结构”，无论你搜索什么类型的关键词（比如，产品类、行业类、品牌类……），只要 YouTube 上有相关视频，其就极有可能在 Google 的搜索首页中获得曝光。

而这一点，是目前其他视频或图片平台享受不到的优待：在 Facebook、Instagram、TikTok 上发布的视频，都不会出现在 Google 搜索首页上，只有 YouTube 可以。所以再次强调，YouTube 作为 Google 的核心产品，在 Google 搜索首页享有显著的优先展示位置。

那么我们该怎么做呢？我们完全可以把曾经在独立站、博客、产品页上所做的内容，重新用视频形式在 YouTube 上呈现一遍。这样不仅能在 YouTube 上获得流量，还能通过 Google 获得稳定的搜索流量、精准的询盘[1]和订单线索。

更重要的是，这些流量并非只是短期爆发，而是可持续的，在 YouTube 上发布的视频是具有长期效应的“内容资产”。一条高质量的视频内容，只要契合用户搜索意图，往往能在很长一段时间内持续曝光，甚至带来稳定的询盘和订单。

相比之下，图文内容生命周期较短，往往发布一天后就被新内容覆盖，除非持续投入，否则难以维持流量曝光度。视频则不同，它具备价值沉淀的属性，能长期反复被搜索、推荐，真正实现“做一次、持续回报”。尤其在用户越来越偏好视觉内容的时代，视频形式是信息高效传递、获得强信任感的优质载体，它可以帮助我们在短时间内传递复杂信息、展示产品优势和树立品牌良好印象。

所以，如果你至今仍主要依赖图文来推广产品，或许是时候认真思考：你的内容是否也该“视频化”了？

1.2　YouTube 成为全球第二搜索引擎

让我们再来看下面这组数据。

（1）YouTube 是全球第二大搜索引擎（仅次于 Google 搜索）。

1　询盘是交易一方（多为买方）主动向另一方询问商品价格或其他交易条件的行为。

（2）平台每天新增超过 57 万小时的视频内容。

很多读者单从这组数据并没有看出什么门道，让我来给大家分析这组数据背后的价值，其实它们才是真正的宝藏。

YouTube 不仅是一个内容平台，更是一个巨大的搜索入口。它的搜索属性决定了用户并不是“被动刷视频”，而是带着目的、问题、需求主动而来。他们在搜索栏中输入关键词，试图寻找某个产品的评测、某种方案的对比、某类行业知识的解读，甚至是某种情绪的宣泄口或是获得某种认同感。

“平台每天新增超过 57 万小时的视频内容”，则意味着 YouTube 上的内容供给极其丰富。在这样的生态下，平台需要一套强大的机制来对内容进行筛选、推荐和分发。你的视频能否被搜索到、是否能在同类中脱颖而出，最终决定了流量能否触达、客户能否找到你。

所以，当我们说“YouTube 是全球第二大搜索引擎”时，它绝不是一个炫耀性的头衔，而是告诉我们一个关键事实：只要掌握了视频内容的关键词结构、标题优化方法与受众心理，我们就可以像做 SEO（Search Engine Optimization，搜索引擎优化）一样布局，让客户在全球范围内主动找到我们。

“全球第二大搜索引擎”，如何理解这句话?

我们平时提到搜索引擎，可能马上会想到 Google 搜索，但很多人不知道 YouTube 已经成为全球第二大搜索引擎，仅次于 Google

搜索，其搜索次数超过了雅虎、必应（Bing）、百度、搜狗等传统搜索平台。

这说明全球用户的搜索习惯已经发生了改变。人们不再仅依赖文字搜索，而是更愿意在 YouTube 上通过视频形式搜索答案。就像我们现在更习惯在抖音、小红书上搜索内容一样，前提是这些平台有绝对的数据支撑，而 YouTube 绝对是数据量足够大的平台。

也许你会说，YouTube 上不都是娱乐类内容吗？其实不然，我特地用 ChatGPT 做了一次调研：普通用户会在 YouTube 上搜索哪些内容？得到的结果非常有代表性，下面我简单分类来进行说明。图 1.2 展示的是常见的 YouTube 用户搜索内容类型。

图 1.2

常见的 YouTube 用户搜索内容类型如下。

（1）音乐类。用户搜索自己喜欢的歌曲、MV、翻唱作品或现场演出等。

（2）教程与技能学习类。比如，如何做 TikTok 视频赚钱，如何用手机拍出电影感画面，如何做低脂减肥餐，还有和我们外贸企业相关的“丝带打印机安装教程”“沥青搅拌站工作原理”等。

这类视频的核心是：帮助用户解决问题。如果你能围绕你的产品，提供“解决某个问题”的教程型内容，产品植入就会显得非常自然，也更容易获得用户认同。记住，你不是在“推销产品”，而是在帮助用户“解决问题”，这比直接讲产品效果好得多。

（3）娱乐趣味类。娱乐趣味类视频包括搞笑视频、恶搞剪辑、挑战类内容和短剧等。

（4）游戏类。游戏类视频包括游戏试玩、游戏攻略秘籍和比赛剪辑等。

（5）产品评测类。产品评测类视频包括用户希望提前了解的某种产品的优缺点和真实体验等。

（6）美妆时尚类。美妆时尚类视频包括化妆教程、穿搭教学和美妆测评等。

（7）健康生活类。健康生活类视频包括健身教程、营养食谱和健康习惯分享等。

（8）vlog 类。很多用户喜欢看 vlog（video blog 或 video log，视频记录），而企业也可以用 vlog 方式发布品牌动态、参展花絮、员工故事和工厂日常等，维持频道活跃度。

这就像我们的独立站，不可能天天发产品信息，但可以发布新闻、故事、访客记录……YouTube 也一样，我们不可能天天发布产品视频，但可以讲人、事、文化和背后逻辑。

（9）科技数码类。科技数码类视频包括科技产品介绍、新品发布、科技趋势分析等。

（10）名人明星类。名人明星类视频包括娱乐新闻、明星采访、活动花絮等。

（11）新闻事件类。新闻事件类视频包括社会时事、重大新闻、现场报道等。

（12）体育类。体育类视频包括比赛回放、技巧教学、运动员集锦等。

因此，“好的内容”≠“产品信息”，而是“解决问题 + 培养信任”。

我们过去在阿里巴巴（简称阿里）、亚马逊平台输出内容的时候，其核心是“产品导向”的：用户有明确的需求，找到我们，下单就好。但 YouTube 平台不一样，它是“内容导向”的：用户可能没有明确的需求，但有某种兴趣、困扰或痛点。我们要做的是围绕这些兴趣、困扰或痛点提供内容，用内容影响用户、引导用户，最终让用户认同我们的产品价值，引起自然转化。

所以，别再纠结“我不会拍片”“没预算做视频”这些细节，真正重要的是，能不能通过内容，把用户的需求讲清楚、问题解决清楚？而视频，不是“展示产品”，而是“塑造信任”，这才是在 YouTube 输出内容的底层逻辑。

1.3　YouTube，让世界看见你

我们继续来看下面这组数据。

（1）YouTube 是全球第一大视频网站。

（2）YouTube 月活跃用户数超过 23 亿，总用户数占全球网民三分之一。

（3）平均每个用户每天在 YouTube 上停留 1 小时。

也许你会觉得这组数据看起来“很厉害”，体现了 YouTube 的体量和全球影响力，但问题是，作为一个普通运营者，这组数据到底能为我们带来什么实质性的帮助？是否只是平台层面的成绩？我们是否可以从中获得流量红利、实现业务转化？

接下来，我们就逐条拆解这组数据背后所代表的机会与价值，

帮助大家从运营者的角度真正理解它们的意义。

1. YouTube：内容曝光首选

YouTube 作为全球第一大视频网站，至少可以说明两件事情。

第一，用户体量巨大且仍在持续增长，我们甚至根本不需要担心“用户会不会用 YouTube”，数据已经告诉我们，用户使用习惯早已被养成——这是全球用户使用量排名第一的视频平台。

第二，这是一个真正“可以被看见”的平台。比如，在 Facebook 平台上，我们发布了内容后，只有我们的朋友可以看到，而 YouTube 是可以借助标签、推荐系统、搜索结果，把我们的内容展示给陌生人看的。

2. YouTube：兴趣 > 关系

Facebook 的月活跃用户数是 26 亿，那么它是比 YouTube 的体量更大吗？

别急，性质不同，结果完全不同。Facebook 属于社交平台，其核心是私域连接，我们的内容想被别人看到，前提是你们之间是好友，或者是好友的好友，Facebook 把这种触达关系叫作“六度空间原理”。所以尽管平台体量大，但发布的内容能触达的用户范围往往只有几百人、几千人，其天花板肉眼可见。

而 YouTube 平台不一样，它属于新媒体平台，其核心是“内容 + 算法推荐”，我们和用户的关系是兴趣导向的，而非好友关系导向的。只要我们的内容好、话题契合用户的兴趣，哪怕我们和用户毫无关系，YouTube 平台也会把我们的内容推荐给对方。

这也正是我们学员的视频能实现 1.5 亿次播放量的关键所在，不靠砸广告，不靠关系，而是靠内容撬动流量，靠系统运营拿到结果。

3. YouTube：你的视频能上任何人首页

在 YouTube 平台，用户不需要主动搜索我们的产品，只要他们正在看电影、听音乐、看新闻、查教程等（见图 1.3），我们的视频就有可能出现在他们的 YouTube 首页推荐中，或视频播放页面右侧的推荐栏中（见图 1.4）。也就是说，即使用户没有在 YouTube 上查找产品信息，只要他们的账号被标记为“某个标签”或“相关兴趣”，我们的内容也可以“主动出现在他们的面前”，这才是平台机制的真正优势。

图 1.3

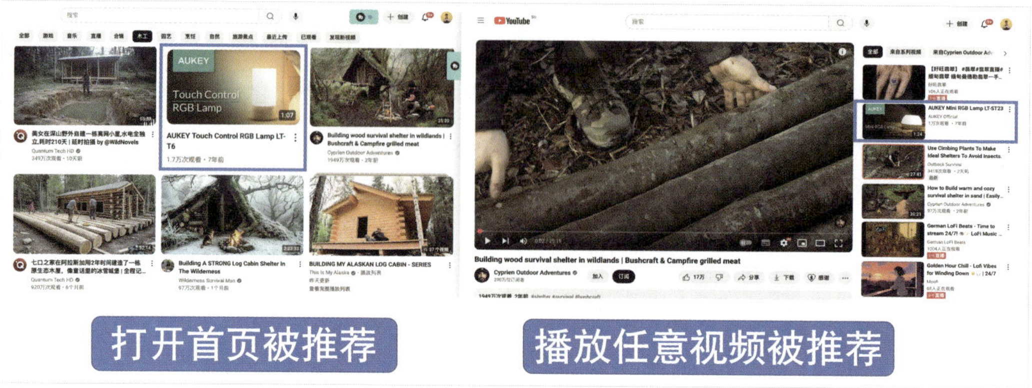

图 1.4

假如你的潜在客户打开 YouTube 看新闻，在右侧推荐栏中看到一条视频的标题是“一条视频换来 1500万美元订单，这家企业是怎么做到的？”你认为他会不会点进去看？我相信，99% 的人都会点击视频观看，因为这背后传递的信息太有吸引力了。

所以，我们要做两件事。

（1）让我们的视频出现在潜在客户面前。

（2）设计一个潜在客户忍不住想点击的视频标题与封面。

只要这两件事做对了，“被看见 + 被点击”，流量自然就来了，订单也就有了，而关键问题是：你的视频，真的出现在“他面前”了吗？如果你总是抱怨“我的视频没人看”，很可能不是内容不好，而是压根就没有被推送到潜在客户的面前。也就是说，你的潜在客户根本没看到你。

这通常是几个原因造成的：要么视频标签没有标精准，平台无法正确识别你的视频内容；要么封面和标题不够吸引人，用户在推荐页面上一扫而过；还有可能是视频发布时间、发布方式不符合平台算法偏好，视频直接被判定为低推荐优先级。

只要你真正理解 YouTube 的精细化运营逻辑，从定位、标签、标题、封面到发布时间进行系统优化，视频是可以“被看到”的，这正是获取流量与转化的起点。

YouTube 的用户数占全球网民三分之一，平均每个用户每天在该平台停留 1 小时，这个平台，不是一个“可选项”，而是一个你必须重视的平台。如果你正在寻找一个既能推广产品又能触达全球潜在客户的平台，YouTube 无疑是你当前最值得投入的渠道之一。

1.4　不做多语种 = 放弃全球市场

多语种、多地区版本的支持，是 YouTube 能够覆盖全球用户的核心优势之一。YouTube 目前已支持 80 多种语言、100 多个国家和地区版本，要知道 YouTube 的多语种体系远不止“内容翻译”这个功能，它背后所蕴含的逻辑与技术机制，对于我们这些内容运营者来说，意味着巨大的平台红利。这种多语言架构带来的流量获取能力，是其他任何平台都无法比拟的。

从平台层面来看，对于 YouTube、Facebook、Google 这样的

全球化平台，用户无论在哪个国家打开，系统显示的界面语言都会自动匹配本地语言。而 YouTube 的相关功能却更高级，它不仅可以进行界面自动适配，还能将用户发布的视频进行“多语言环境”的精准分发。

我们发布一条视频时，在平台后台添加多语种功能，平台就可以根据用户所处的国家，将视频自动推荐给各个国家的用户，实现内容层面的本地化呈现。如图 1.5 所示，中国用户看到的是中文界面，美国用户看到的是英文界面，韩国用户看到的是韩文界面，日本用户看到的是日文界面。

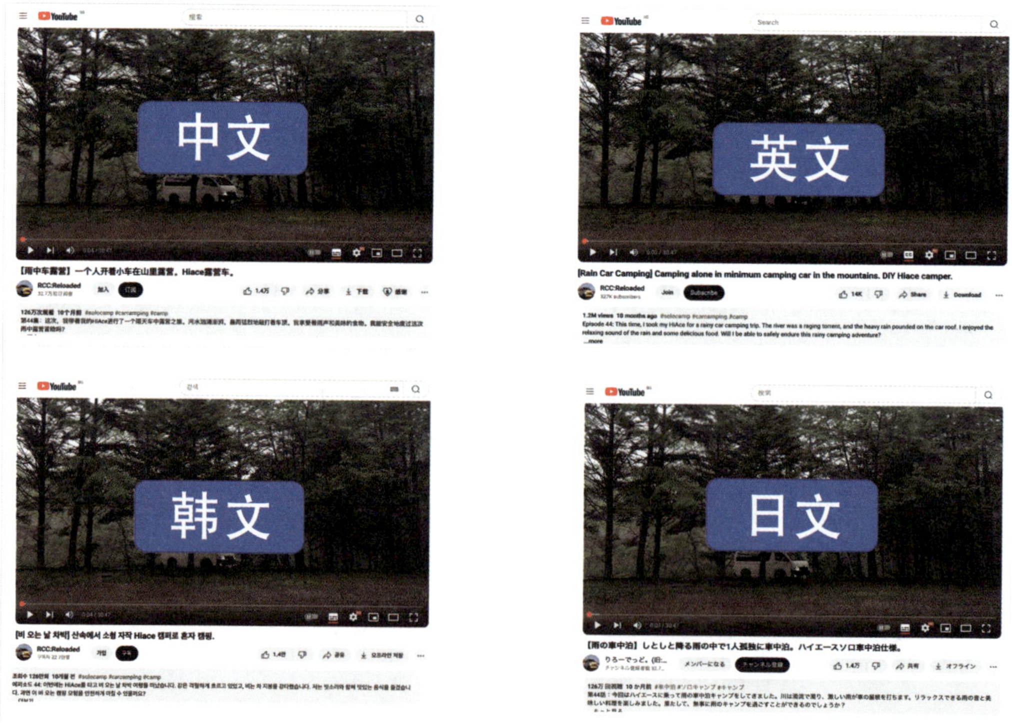

图 1.5

这就是平台的智能识别机制，它背后依赖的是一个庞大的系统结构：YouTube 拥有“支持 80 多种语言 + 超过 100 个国家和地区版本”的界面系统。它会根据用户的 IP 地址和系统语言自动匹配并显示相应语种的内容页面。这就像我们常说的“响应式网站”一样，不同设备、不同用户看到的是自适应版本。

重点来了，如果说多语种是给用户“更好的体验”，那么对我们内容运营者来说，它意味着一次发布，多语种版本曝光，多倍流量的获取。我们的视频，只需要发布一次，并同步在后台添加多语种版本（比如中英日韩四种语言），YouTube 平台就会为这条视频分别生成对应语种版本的网页和搜索入口。

举个例子（见图 1.6），我用英文搜索“camping in the rain”，可以看到英文视频的排名结果，我再用中文搜索“雨中露营”，同样可以看到中文视频的排名结果，当然，用韩文、日文搜索，也会有相似的结果。

图 1.6

当中国用户打开视频时，看到的是中文标题、说明和字幕；当韩国用户打开同样的视频时，呈现的是韩文版本；美国用户看到的是英文版本，日本用户看到的是日文版本……我们创作一条视频，上传一次视频内容，平台帮我们生成了四个网页，相当于四个流量入口、四个推广通道、四个自动化“线上业务员”。而这些数据最终都会汇总到这一条视频上，数据会更好看。

那具体怎样操作呢？如图 1.7（a）（b）所示，在 YouTube 后台，有一个可以进行语种添加的板块，可以添加英文、日文、韩文、俄文、德文等，这样就做到了多通道推广。

这里分享一个多语种版本的真实增长案例。我有一个学员李总，他曾在 YouTube 上发布过一条产品介绍视频，日均播放量大概在 2000 次，这个数据已经很不错了，后来他在我的课上听到“多语种版本可以带来多通道曝光”后，李总立即行动，手动为这条视频添加了英文、日文、韩文等语种版本，不到一个月时间，他兴奋地告诉我这条视频的日播放量从 2000 次飙升到了 2 万次！他说：“老师你讲的方向太对了，我本来就有点儿基础，你再拉我一把，这条视频就‘站’起来了！”

多语种版本的终极价值不只是“翻译”。在 YouTube 上布局多语种内容，带来的并不仅是语言层面的适配，而且是一套完整的全球获客机制。其背后的价值，可以归结为以下五个方面。

第一，它能够真正打通全球客户链条。不论你的客户来自哪个国家、使用哪种语言搜索关键词，只要你设置了对应的语种版本，你的视频就有机会精准地出现在他面前，实现全覆盖式曝光。

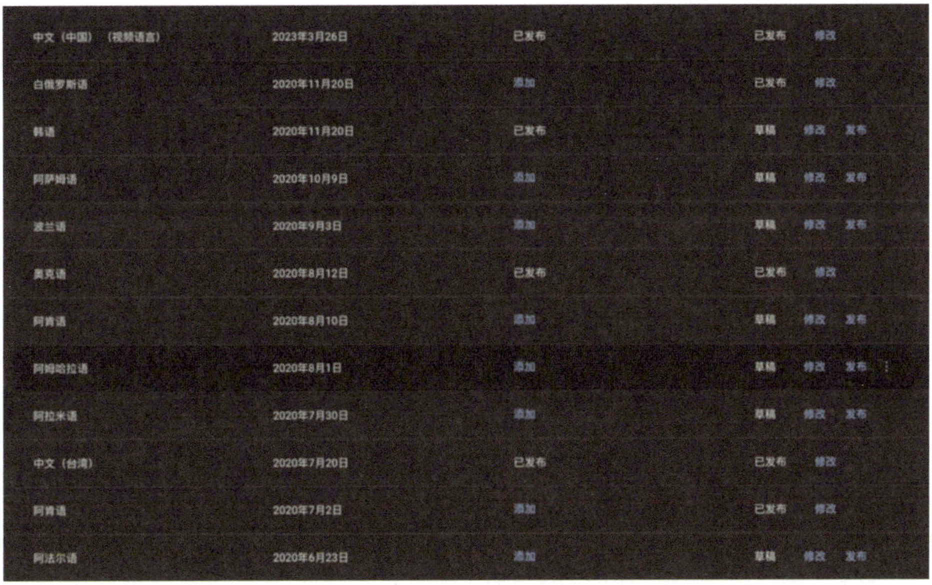
中文（中国）（视频语言）
2023年3月26日
已发布
已发布
修改
白俄罗斯语
2020年11月20日
添加
已发布
修改
韩语
2020年11月20日
已发布
草稿
修改
发布
阿萨姆语
2020年10月9日
添加
波兰语
2020年9月3日
添加
奥克语
2020年8月12日
已发布
阿肯语
2020年8月10日
添加
阿姆哈拉语
2020年8月1日
添加
阿拉米语
2020年7月30日
添加
中文（台湾）
2020年7月20日
已发布
阿肯语
2020年7月2日
添加
阿法尔语
2020年6月23日
添加

（a）

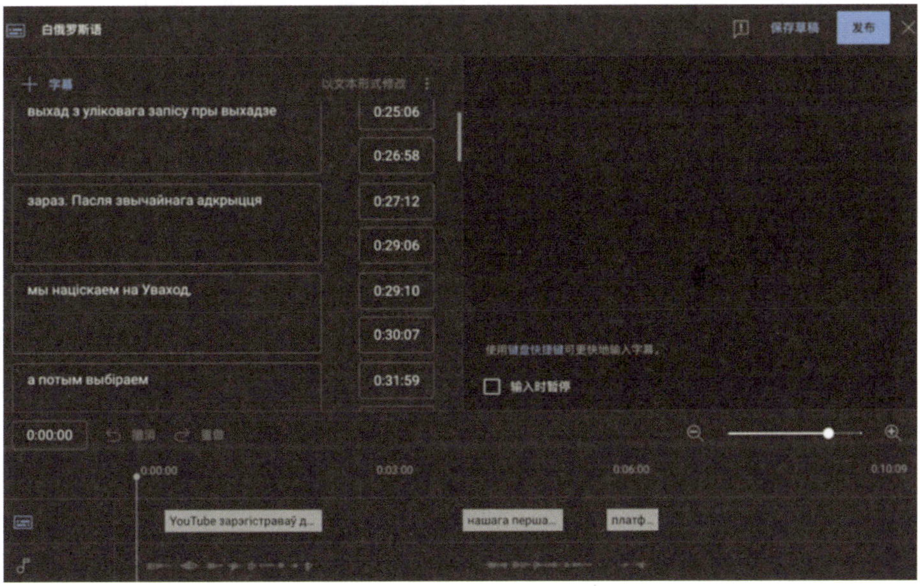
白俄罗斯语
保存草稿
发布
字幕
以文本形式修改
выхад з уліковага запісу пры выхадзе
0:25:06
0:26:58
зараз. Пасля звычайнага адкрыцця
0:27:12
0:29:06
мы націскаем на Уваход.
0:29:10
0:30:07
а потым выбіраем
0:31:59
使用键盘快捷键可更快地输入字幕。
输入时暂停
0:00:00
撤消
重做
0:00:00
0:03:00
0:06:00
0:10:09
YouTube зарэгістравалі д...
нашага перша...
платф...

（b）

图 1.7

第二，多语种内容意味着多通道流量入口。每一个语种版本，实际上都相当于一个新的“独立曝光点”。一条视频配上多语言字幕或音轨，就相当于同步投放到多个语言市场，这样大幅提升了视频的流量获取能力。

第三，多语种还会有效提升用户的信任度与转化率。当用户看到内容正是以他熟悉的语言形式呈现时，自然会产生“这是为我定制”的心理，会更愿意点击、停留，甚至触发购买行为。

第四，从平台机制角度看，YouTube 对多语种内容给予更高的推荐权重。平台更倾向将这类内容推送至首页推荐页、相关搜索页，帮助创作者获得更多的自然流量。

第五，也是最被低估的一点。多语种发布视频是一种性价比最高的放大策略。你只需制作一次视频内容，通过多语种设置，就能撬动 2 倍、3 倍，甚至 5 倍以上的流量收益，几乎不增加任何额外成本。

所以，不要再把“多语种”简单理解为“内容翻译”，它在本质上是一种高效率、强延展、低成本的流量倍增系统。对创作者来说，这意味着只需专注于内容本身，平台就能帮你完成全球分发和本地适配。这就是 YouTube 能覆盖全球市场的核心能力——“一个平台 + 一条视频”，可以高效连接不同语种的用户。

第 2 章

YouTube 的五个关键流量来源

目前，大部分读者在 YouTube 运营方面仍处于非专业阶段，很多人对 YouTube 视频营销的认知还不够，也不知道 YouTube 上的流量来源方式有哪些，甚至看不懂后台数据。

很多企业请专业团队拍了非常高级的宣传片，花了几十万元，做出了一条视觉效果极佳的视频，结果发布到 YouTube 平台之后：视频播放量惨淡，几乎没有曝光量，没有评论数，没有询盘，没有成交量。

这种“高投入、低回报”的情况，不是因为视频不好，而是企业根本没搞清楚一个问题：YouTube 的流量到底是怎么来的？

我一直认为，想要系统运营 YouTube 账号，在发布第一条视频之前，必须先搞清楚流量的来源路径，否则就是蒙着眼睛干活，辛辛苦苦剪视频、拟标题、做封面，最后才发现没人看，如果是这样，那真的还不如不做。

所以，想要把 YouTube 玩儿好，不是靠“运气”，而是要搞懂其“运营逻辑”。在本章，我就帮大家梳理 YouTube 平台上的五个关键流量入口，只要我们把这五大流量来源研究透了，后续的每一条视频应该怎么布局、优化和推广，全都是有迹可循的。

而这五大流量入口，是所有成功的 YouTube 运营者都在反复打磨和利用的核心路径。

2.1 YouTube 的搜索流量：高精准、高转化

YouTube 平台上的流量来源有很多，“搜索流量”是最有价值的流量来源，这是为什么呢？因为搜索流量，通常来自用户主动输入关键词去寻找答案或解决方案，这个流量来源的用户精准度非常高，更容易将其转化成客户。所以我一直建议，出海企业运营 YouTube 账号，一定要优先布局“搜索流量”。

2.1.1 搜索流量 = 高精准、高转化

很多出海企业已经有独立站运营经验，也做过 SEO 优化。以往我们依靠图文内容被 Google 收录，获得自然流量，而现在，我们可以将这些内容以视频形式再次呈现，发布在 YouTube 上。这样的话，原来在独立站上取得的排名与询盘，就有机会在 YouTube 上再次获得（见图 2.1）。而如果你不做，可能就会被同行赶超。因为现在是视频时代，越来越多的用户更愿意看视频。

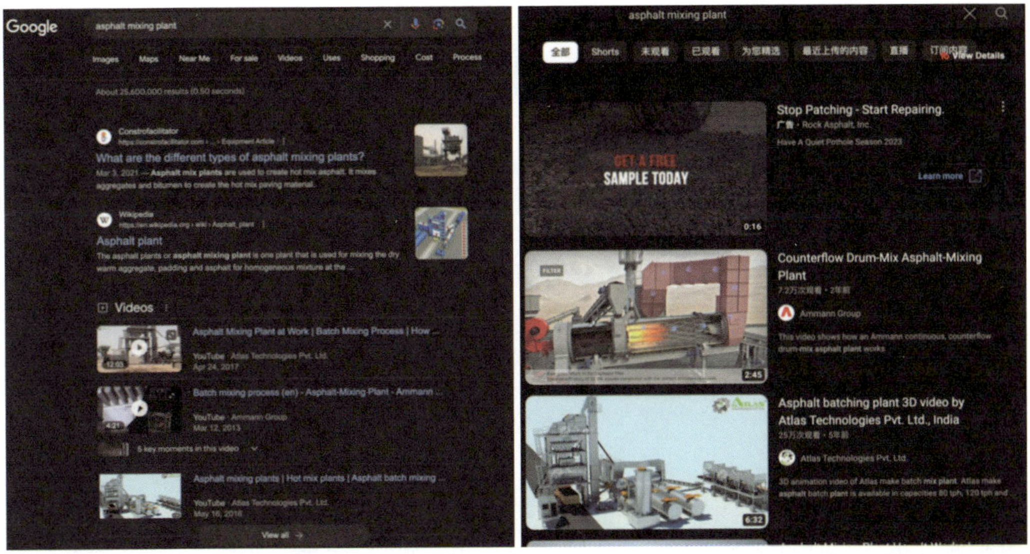

图 2.1

2.1.2　视频拍得好 ≠ 搜索排名靠前

有同学问我："孟老师，我已经发了 100 多条视频，为什么在搜索关键词时，却搜不到我的视频，反而搜到的都是同行的？"然后还不忘补一句："我的视频质量明明比他们的好！"

这个问题其实很普遍，很多人误以为只要视频拍得好，就一定会有流量，但实际上：

视频拍得好 ≠ 搜索排名靠前

我们只是"上传"了视频，但没有"运营"它们。

YouTube 平台上的搜索流量靠的是 SEO 优化，如果我们不懂这些规则，只靠视频质量，是很难获得搜索排名的。做过网站

SEO 的读者都知道，一个网页的核心信息包含在它的源代码中，主要包括如下信息。

（1）标题。

（2）描述。

（3）关键词。

YouTube作为 Google 的核心战略平台，也遵循搜索引擎规则（见图 2.2）。

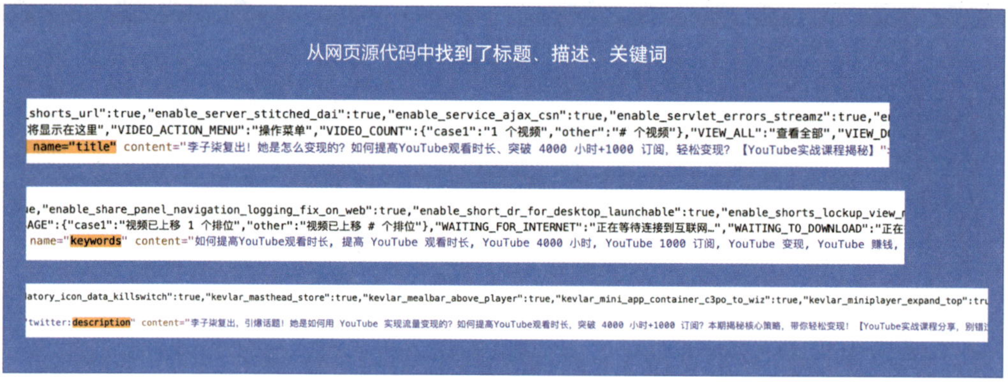

图 2.2

打开一个 YouTube 视频的页面源代码，会发现它也包含了同样的三大字段，再加上视频特有的结构信息，YouTube 视频页面本质上就是一个“网页”，只是内容形式从文字和图片变成了视频，所以它的 SEO 优化也是有结构可循的。我们将 YouTube 视频的 SEO 优化归纳为以下 6 项源数据。

（1）视频文件名。

（2）视频标题。

（3）视频说明。

（4）缩略图文件名。

（5）标签。

（6）CC（Closed Caption）字幕（隐藏式字幕）。

如果你希望用户通过搜索关键词“如何延长用户观看 YouTube 视频的时长”能看到你的视频，那么你要做的就是让这个关键词出现在上述 6 项源数据里（见图 2.3），至少每项出现一次。

（1）视频文件名：“如何延长用户观看 YouTube 视频的时长 .mp4”。

（2）视频标题：包含“如何延长用户观看 YouTube 视频的时长”。

（3）视频说明：自然嵌入关键词“如何延长用户观看 YouTube 视频的时长”。

（4）缩略图文件名：“如何延长用户观看 YouTube 视频的时长 - 封面 .jpg”。

（5）标签：添加“如何延长用户观看 YouTube 视频的时长”标签。

（6）CC 字幕：在讲解中自然说出“如何延长用户观看 YouTube 视频的时长”。

系统在抓取内容时，会发现你在每一个地方都“重复表达”了同一个主题，平台自然会判定：这个视频主题很明确，就是“如何延长用户观看 YouTube 视频的时长”，从而提升你的视频的搜索排名。

这就像你去公司应聘，需要主动告诉老板“我擅长唱歌”，这样老板才会记住你，在公司聚会需要有人唱歌时，老板才会给你机会。所以，YouTube 视频的 SEO 优化的关键就是：主动告诉系统，你的视频关键词是什么。

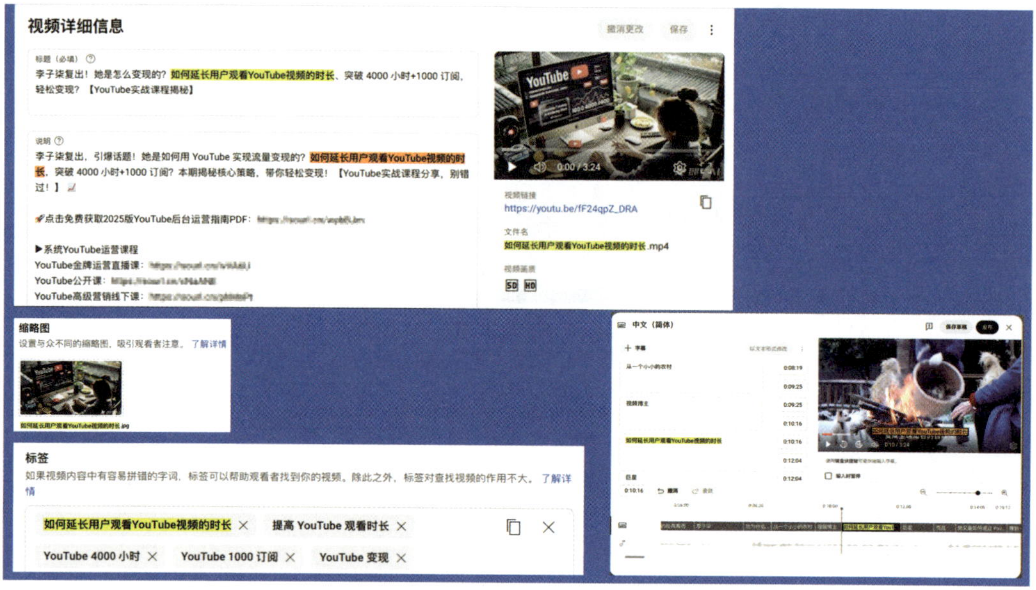

图 2.3

很多视频的搜索排名不能靠前，并不是平台不给机会，而是我们自己没有把关键词表达清楚。这也是很多人辛辛苦苦发布了几百条视频，却没有得到高播放量和排名靠前位置的根本原因。

掌握搜索流量优化技巧，是 YouTube 运营的第一步，之后我们就有可能靠一条视频获得精准询盘。无广告成本、无额外支出，靠内容、靠策略，就能吸引潜在客户主动找到你。所以千万不能忽略这件事：搜索流量是 YouTube 平台所有流量入口中最值得投入的那一个。

另外，还要提醒的是，字幕是 YouTube 平台理解我们视频内容的关键因素之一，字幕做得好，可以极大地提升推荐量与搜索排名。很多读者担心自己英文不好，不会英文解说，其实完全不用担心这一点，我们可以用中文讲解，而只要加上中英文字幕，就可以解决语言障碍。只要用户看得懂字幕，自然就能理解视频内容，而且这种“真实感”更强，反而会提升用户信任度。

2.2 YouTube 的推荐流量：流量规模化爆发

本节我们学习 YouTube 平台另一个关键流量来源“推荐流量”。如果说搜索流量的优点是精准度高、转化度高，那么推荐流量的优势就是，它是“流量规模化爆发的源头”。为什么这么说呢？因为搜索流量依赖用户主动搜索，这决定了它的天花板通常在 10 万次播放量左右，而推荐流量不同，它是平台主动把我们的视频推送给潜在用户。

很多账号就是依靠平台的推荐流量，一条视频的播放量可以达到 100 万次、1000 万次的。所以，推荐流量是 YouTube 平台最具爆发力的获取流量的方式。

在 YouTube 账号运营中，搜索流量和推荐流量是两种截然不同但同样重要的流量来源，它们的定位和作用也有本质区别。我们可以这样理解：搜索流量的模式就像我们开了一家店，客户主动走进来寻找产品或解决方案；推荐流量的模式则更像我们派出上百名业务员，主动上门“扫楼”，不断接触潜在用户。

二者缺一不可，搜索流量的优势在于精准，用户带着明确的需求主动搜索，转化率高，适合承接“高意向用户”；而推荐流量则具备广度优势，在用户还未主动表达需求前平台就完成了内容推送——激发用户兴趣、扩大触达面，适合拓展潜在用户。

直到现在，依然有很多人只关注“视频如何被搜索到”，而一直忽略推荐系统的巨大潜力。事实上，如果忽视了推荐流量的运营机制，可能就会失去超 80% 的潜在用户。比如，图 2.4 中方框里的视频，就是通过推荐流量得到的展示位置。

图 2.4

能得到推荐流量的视频，能够展示在 YouTube 页面上的三个核心位置。

（1）首页推荐：当用户打开 YouTube 首页时，第一眼能看到的位置，其视频曝光量是极大的。

（2）播放页右侧推荐栏：当用户正在观看视频时，右侧推荐栏呈现相似主题或关联的视频。

（3）视频播放结尾推荐区：当一条视频即将播放结束时，系统会向用户主动推荐其他视频，引导用户继续观看。

举个例子，我们打开 YouTube 首页，看到一个标题“上个月我仅发布一条视频，竟获得 100 次询盘？揭秘！”，是不是很容易被这个标题吸引？我们很可能会点开视频看，心里可能还会想：万一我错过了这 100 次询盘怎么办？

这正是推荐流量运营机制的力量——它让用户在“非主动搜索”的状态下，也能被精准触达与激发兴趣，那么问题来了：我们该如何让自己的视频出现在这些黄金推荐位置上？

YouTube 官方对推荐流量的算法机制有过明确解释，YouTube 的工程副总裁古德罗曾指出，推荐系统关注以下两个核心维度。

（1）点击率。点击率就是当你的视频被推荐后，有多少人看到封面和标题后愿意点进去观看的比例。比如，视频被展示 100 次，有 10 次点击，点击率就是 10%。这个数值越高，说明视频的封面和标题越吸引人，越能引发用户兴趣。

这与抖音、视频号不同——后者只需用户划到视频并停留几秒即算一次播放量，但 YouTube 要求用户“主动点击”一次才计入播放量。因此，YouTube 的视频流量不是“推送出来”的，而是“被兴趣吸引来”的。

（2）观看时长。自 2012 年起，YouTube 平台对推荐算法进行了重要调整——从以“点击量”为核心转向“观看时长优先”机制。换句话说，平台不再仅关注有多少用户点击视频，而是更重视用户实际观看视频多长时间。

其逻辑非常明确：若用户点开视频几秒就关闭，说明视频内容不符合用户预期，系统会降低视频推荐权重；若用户持续观看视频超过 10 分钟甚至看完，系统则会判定视频内容优质，会大幅提升视频推荐优先级。

这意味着：只有视频内容本身足够吸引人、能留住用户，平台才会持续为视频推送更多流量。并非视频发得多、点击量高就够了，关键是要让每一次点击都转化为更长的观看时长。

视频时长越长，获得系统推荐的概率就越大。如图 2.5 所示，无论是在 YouTube 首页推荐页面上还是在播放页推荐页面上，平台向用户推荐的视频普遍具有较长的时长，基本上都在 10 分钟左右。

我在给学员做视频账号诊断时，发现很多人都在制作 10 秒、20 秒、30 秒的短视频。实际上，在 YouTube，这类短视频很难获得流量推荐。即使用户完整观看视频两遍，总播放时长也仅有 1 分钟。相比之下，如果同行发布一条 10 分钟的视频，即使用户只看一半，也能产生 5 分钟的观看时长。

图 2.5

这意味着，如果你的视频容易被观众“跳”出、完播率低，系统就会判定你的视频“价值”远低于那些能留住用户的视频。

你可以观察推荐区的规律，被推荐的视频通常具备两个共同特征：一是时长多在 4 ～ 30 分钟，属于中长视频；二是发布时间可能在一个月前甚至几年前。

这说明 YouTube 更倾向于推荐“中长视频”，因为这类视频能带来更强的沉浸感和更长的观看时长。平台的推荐机制并不以“发布时间新”为标准，只要视频内容持续产生价值、能留住用户，视频就有可能获得长期推荐，甚至“过期翻红”。

前面我们提到，YouTube 推荐的核心依据是点击率和观看时长，此外点赞数、评论数和订阅量也会作为辅助参考。也就是说，想让视频获得更多推荐，就要全面掌握这五个影响系统推荐的核心维度。

（1）点击率：标题和封面是否足够吸引用户？能否在推荐列

表中脱颖而出？

（2）观看时长：用户平均观看时长是多少？是否完整看完？在几分几秒退出？

（3）点赞数：点赞数代表基础满意度，用户是否认可视频内容？

（4）评论数：是否引发互动讨论？评论数越多，代表内容越具话题性。

（5）订阅量：用户是否因为你的内容决定“留下来”？这是最强的正向信号。

这五个维度共同决定了你的视频是否具备持续推荐潜力。请记住，视频不会自动获得流量，必须通过用户行为赢得平台信任，才能进入推荐流量池。

如果想让视频得到 YouTube 平台的推荐流量，就需要围绕五项关键数据进行系统优化，下面我们逐项拆解。

1. 点击率优化：封面 + 标题 + 描述

再优质的内容，如果封面和标题不能吸引用户点击，一切都是徒劳的。点击率是视频能否进入推荐系统的第一关，必须格外重视。

（1）封面设计：封面图要具有视觉冲击力，建议使用高对比色、清晰大字，并带有人物表情或情绪元素。

（2）标题技巧：标题应善用悬念句、提问句、结果导向句，激发用户好奇心或共鸣。

（3）描述优化：描述建议嵌入关键词，便于搜索，同时加入一句行动引导，例如“欢迎留言”“点击订阅”等。

2. 观看时长优化：内容结构设计

平台更倾向于推荐能“留住用户”的视频。优化观看时长的核心要素在于内容节奏与结构设计，尤其是对开头和结尾的把控。

（1）开场 30 秒：前 30 秒必须让用户明白“我为什么要继续看下去”。可以通过抛出问题、设置反转、预告彩蛋等方式，激发用户留存欲望。

（2）结尾设计：结尾部分建议设计一个“价值钩子”，比如赠送资料、提供后续解答，或者设置系列内容预告，引导用户看完后还想继续观看。

3. 点赞数优化：适时引导用户互动

点赞数是用户对视频认可的最直接表现。在视频的关键节点，可以采用自然而不刻意的语言引导用户点赞，比如这样说：“这期内容有点儿多，如果你一口气看不完，记得点个赞收藏一下，方便下次接着看。”不强求用户，又能恰到好处地提醒，会显著提升视频的互动数据。

4. 评论数优化：制造用户参与感

评论数体现的是用户的参与度和对内容的共鸣程度。我们可以通过提问、征集反馈等方式激发用户留言，举例如下。

- “你有遇到类似的问题吗？欢迎在评论区分享你的经历。”
- “你还想了解哪些话题？欢迎告诉我，我会在下次专门做一期。”

5. 订阅量优化：做预告，留住用户

订阅行为表明了用户对内容产生了持续兴趣。在视频结尾处加入下期预告视频提醒，是激活订阅行为的有效方式，例如，“下期我会分享如何通过 YouTube 拿到 100 次询盘，记得订阅频道，别错过更新。”

五项数据看似独立，实则彼此关联：高点击率为视频带来更多曝光，观看时长的提升会进一步提升推荐权重，点赞数、评论数和订阅量的提升则进一步提升平台对视频内容的信任度。掌握这些关键动作，我们的视频就不再只是“内容”，而是具备增长引擎能力的流量资产。

所以，想在 YouTube 平台获得大流量，一定要懂平台的流量推荐机制，搜索流量帮我们抓精准用户，推荐流量帮我们激活海量潜在用户；但是只靠搜索流量，视频很难“破圈”，而只有搞清楚平台的流量推荐逻辑，通过优化视频结构和互动行为，我们的视频才有可能从几十次的播放量提升到百万次播放量，实现真正的流量跃迁，这就是推荐流量的逻辑，也是我们应该马上调整视频策略的理由。

2.3　YouTube 的广告流量：流量引爆点

除了搜索流量和推荐流量，YouTube 平台还有一类重要流量来源——广告流量。YouTube 平台上的广告主要分为两种类型（见图 2.6）：插播广告和展示广告。

这两种广告统称为信息流广告。什么是信息流广告？简单理解，信息流广告就是用户在刷视频的过程中，“被动”地看到的广告内容。所以这类广告的核心逻辑是，激活潜在用户，而非满足用户的明确需求。这也正是很多人在 YouTube 上投广告却没有拿到结果的原因。

在以往的营销实践中，我们常常使用 Google 关键词搜索、阿里 P4P（Pay for Performance，这是阿里国际站推出的一个按点击量收费的项目）等方式来获取用户流量。这类广告属于典型的“搜索广告”，具有几个明显特征。

（1）用户需求明确，通常带着问题或购买意图进入搜索平台。

（2）用户通过关键词主动搜索，广告匹配精准并加以展现。

（3）用户每点击一次页面都有明确目的，因此这种行为更容易为商家带来询盘，甚至直接促成成交。

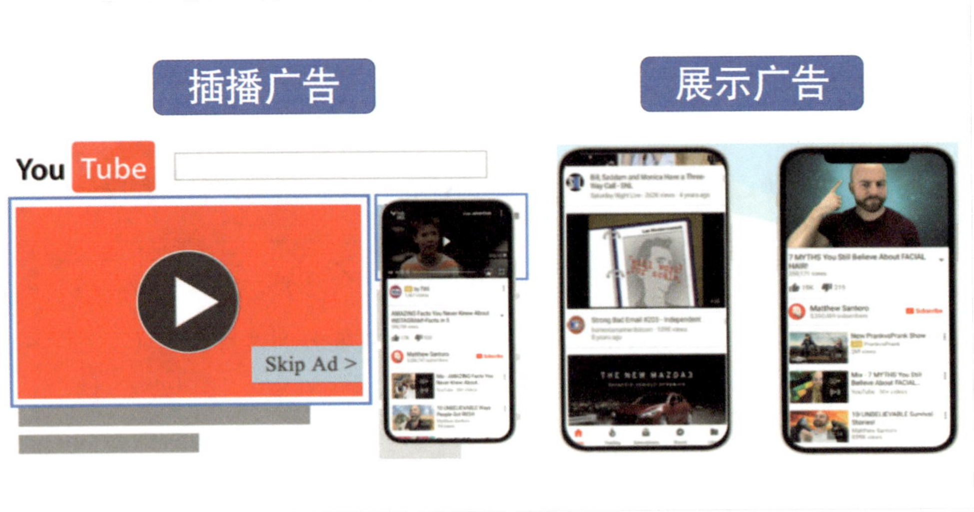

图 2.6

而 YouTube 上的广告则不同，它并不是用户主动找我们，而是平台根据大数据，把我们的视频推给可能感兴趣的用户。所以，即便投入 2 万元、10 万元的广告费用，最终仍可能面临零询盘、零订单的结果。在我看来这是非常正常的，YouTube 上的广告的真实价值不是成交，而是“加热”。

我们需要重新理解 YouTube 广告的真正价值。信息流广告的目的，不是“投了就成交”，而是帮助系统更快识别我们的视频内容，加速判断我们是否具备“优质创作者”的潜力，从而为我们带来更广泛的自然流量。

这和抖音平台上的 Dou+ 功能非常类似：我们花 100 元进行视频投放，系统通过 5000 次的播放数据来评估视频的点击率、用户停留时长、点赞数和评论数等表现。如果这些数据优于平均水平，系统就会判定该视频具备传播潜力，并让视频进入更高阶的推荐通道，从而使视频获得持续曝光。

所以，在 YouTube 投放广告，不是“花钱买流量”，而是为视频拿到一张“进入推荐通道的门票”。要记住，投广告不是烧预算，而是用数据赢得平台信任。这是在 YouTube 平台做广告的真正战略价值。

2.3.1　YouTube 广告的本质

无论是插播广告还是展示广告，其真正价值并不是立刻促成成交，而是完成一次有效的“线上见面”，为后续的品牌曝光与客户关系建立打下基础。

通过广告曝光，我们的视频可以首次被潜在用户看到，实现从“陌生”到“初识”的转变；如果内容足够有吸引力，用户可能会主动订阅我们的频道，从而开始持续接收信息。在此基础上，我们借助广告带来的反复触达，逐渐为品牌积累信任感，直到某一刻真正促成订单转化。

因此，我们不应以“投了 1 万元广告费，为什么没有询盘？”这样的短期视角去评估广告效果。在 YouTube 平台上做广告更像是旅程的起点，它激活了用户的兴趣，让我们和用户建立连接，而真正的订单转化往往不是在第一次点击时发生的。因为用户今天只是刷到我们的视频，明天又看到了一次，一周后出于好奇再次点开视频观看……这种“多次触达 + 信任递增”的过程，才是在

YouTube 平台上做广告的价值所在。

2.3.2 如何正确投放广告

假设我们刚发布了一条新视频，如果只靠自然流量，系统可能需要几天甚至几周才能判断出这条视频的内容是否优质，而如果我们为这条视频投放 100 元广告费，系统就能快速获得点击率、观看时长、点赞数等数据，从而加速判断视频的推荐价值，这一过程即为“视频加热”。

在 YouTube 平台，100 元的广告预算，通常可以带来约 3000 次的点击观看次数，累计播放时长约为 300 小时。如果广告投放达不到这个效果，就需要警惕了，问题可能出在以下三个方面。

（1）视频本身时长过短，难以积累可观的观看时长。

（2）视频内容吸引力不足，用户中途“跳”出。

（3）广告投放的人群定位不精准，视频推荐给了对内容不感兴趣的用户。

此时，不应盲目继续追加预算，而应着手进行优化：从内容层面出发，尽量将视频时长控制在 5 ~ 10 分钟，同时在投放层面重新校准受众群体，包括调整地区、语言、关键词及兴趣标签。只要广告能达到“观看时长 + 互动数据”两个预期指标，哪怕没有直接成交，系统也会认为我们的视频内容优质，进而带来更多自然推荐与搜索排名的加权。

因此，必须明确一点：

做广告 ≠ 成交，做广告 = “加热”。

YouTube 上的广告并非单纯计算 ROI（Return On Investment，通过投资而应返回的价值）的销售工具，而是用来撬动平台算法机制、提升视频权重、加速内容曝光的“流量加热器”。我们不是用广告“买结果”，而是用广告“打通推荐路径”。如果想快速得到结果，YouTube 平台的广告流量，是必不可少的流量加速工具。

后续章节将详细解析插播广告与展示广告的具体操作方法和实战策略。

2.4　YouTube 的 Shorts 流量：最新流量风口

除了长视频，YouTube 上还有一个新板块——Shorts。Shorts 是 YouTube 上线的短视频生态板块（见图 2.7），对标 TikTok 平台，主打竖屏、180 秒以内的短视频内容。从用户体验来说，Shorts 和 TikTok 基本没有区别，但它依然属于 YouTube 体系，可以享受 YouTube 所有流量通道的分发支持。

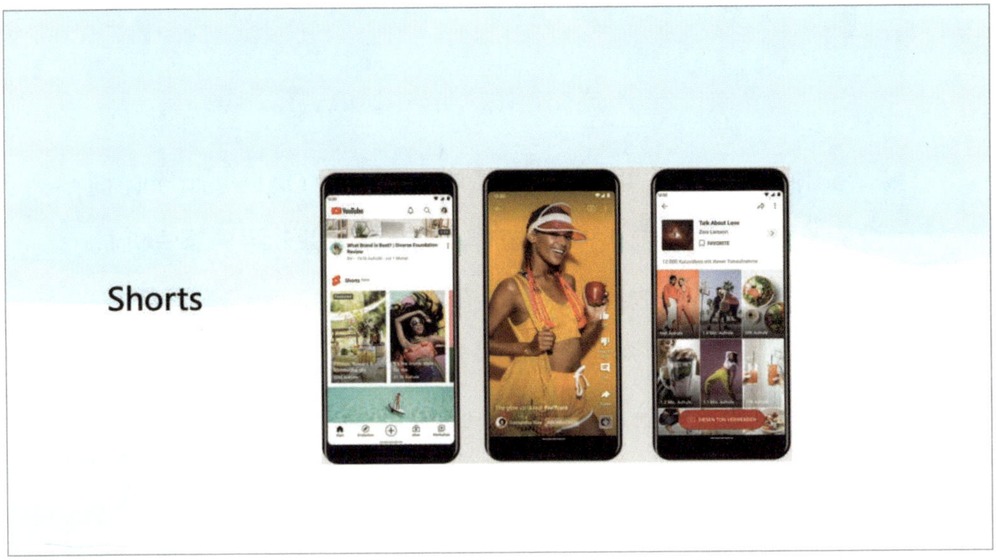

图 2.7

2.4.1 Shorts流量优势

短视频与长视频的运行机制完全不同，长视频重视观看时长、内容深度、互动指标，而短视频则更看重完播率、点赞数、评论数和订阅量。

虽然我们之前讲过 YouTube 平台倾向推荐 5 ～ 10 分钟的长视频，但 Shorts 是 YouTube 新开辟的一条“流量高速通道”，它有独立的流量池和算法机制，不影响主频道的推荐系统。只要我们上传的视频是 180 秒以内的竖屏格式，就会被系统自动归类到 Shorts 板块，并获得短视频流量扶持。

Shorts 是目前 YouTube 平台上流量最集中、视频曝光速度最快的板块。它不仅能将视频迅速推送给大量用户，还具备极强的裂变能力与算法加权优势，是许多创作者实现“冷启动破局”与“账号快速起量”的首选视频类型。

对于想要快速测试选题、扩大触达面、积累早期用户的创作者来说，Shorts 已经成为不可忽视的流量入口。

2.4.2 Shorts 推流逻辑

短视频的目标是让用户“看完”甚至“反复看”。如果一个 10 秒的视频被完整看完 1 次，完播率就是 100%；如果看完 2 次，完播率就达到 200%。这样的视频会被系统标记为“高吸引力内容”，从而获得更多推荐。

要想让视频在 Shorts 上获得更好的表现，首要一点是打磨好视频开头的前 3 秒。这是决定用户是否愿意继续观看的关键。短视频节奏快，几秒内是“看”还是“划过”，决定权始终在用户手上。

因此，视频开头必须设计有足够吸引力的悬念或问题，例如，“大神们都是几点更新作品的？”“为什么这家工厂的视频播放量能突破 1000 万次？”这些问题能立即抓住用户注意力，促使他们继续观看。只要用户停留时间够长，平台算法就会给予更多推荐。

除了开头的设计，另一个极为重要的指标是点赞数，高点赞数代表用户反馈积极，是 YouTube 评判视频质量的关键指标之一。点赞数越高，系统推荐力度越大，视频传播范围也随之扩大。

那么，什么样的内容更容易获得高点赞数？我将其归纳为以下六类。

（1）有趣的内容：能够引发轻松愉快的观看体验，如搞笑片段、剧情反转、魔性剪辑、令人惊讶的瞬间等。

（2）能引发情感共鸣的内容：如令人感动、愤怒或产生强烈认同感的视频，这些视频最容易获得点赞和评论。

（3）时效性内容：围绕热点话题、社会事件、趋势玩法等创作的视频，更容易借势爆发。

（4）强互动型内容：鼓励用户点赞、评论、转发的视频，如评论区投票、点赞抽奖、留言置顶等互动形式。

（5）吸引人的标题和封面：标题要设置悬念引发好奇，封面需具备视觉冲击力，话题标签要精准“对齐”受众兴趣。

（6）具备社交传播力的内容：有价值的观点分享、争议性话题等，这些视频更容易被用户主动传播。

最后一个关键维度是订阅量。如果短视频内容足够吸引人，用户很有可能进入主页或者跳转到相关视频，继续了解更多内容。这时，我们可以在短视频结尾处设置一个明确预告，这样可以有效提升订阅率。例如，“下期我会分享一个 10 秒视频介绍拿到 1500 万次播放量的全过程，记得‘订阅’我，别错过更新！”这种策略能自然将“观看者”转化为“关注者”，从而构建稳定的用户群体，为后续的账号粉丝增长打下基础。

虽然 Shorts 板块的流量巨大，但其分发逻辑更倾向于视频的“吸引力”而非“深度价值”。与长视频依靠内容完整度、专业度不同，Shorts 更看重内容在极短时间内能否抓住用户注意力。

Shorts 上的流量属于泛流量，适合于打造爆款视频、吸引新用户、加速账号起量。在实际运营中，Shorts 承担的角色更像“引流入口”而非“成交载体”，所以，我们的运营重点是提高账号整体的曝光度与推荐权重。

在内容形式上，建议优先选择具备趣味性、情绪感染力和节奏感强的视频片段。这类视频更易被用户停留、点赞、转发，从而进入推荐通道。在视频长度上，前期建议控制在 15 秒以内，有助于提升视频的完播率。算法更倾向于推荐那些“被完整看完”的视频，完播率的提升会显著影响整体播放量。在发布节奏上，建议保持日更或周更的频率，持续输出内容，这有助于给账号建立“活跃创作者”的正向标签，从而提升被系统推荐的概率。

值得强调的是，创作短视频的关键不是“做得短”，而是“做得吸引人”。只有内容具备吸引力，才能在短短几秒内留住用户，从而真正发挥 Shorts 的流量优势。

2.4.3　真实案例展示

如图 2.8（a）（b）所示，通过 Shorts 可以轻松获得更多的频道订阅量，频道一获得了 32 万次订阅量、频道二获得了 107 万次订阅量。在 Shorts 板块推出之前，许多 YouTube 创作者即使深耕平台十年，其频道订阅量也往往难以突破 30 万次。而如今很多频道能够实现 100 万次订阅量的突破性增长，正是得益于 Shorts 板块的出现，这让频道运营者能够快速获得如此亮眼的数据表现。如图 2.8（a）所示，频道一的首条视频播放量高达 1.9 亿次，频道二的首条视频播放量更是达到 3 亿次，第二条视频也获得了 9715 万次的播放量，这些惊人数据全部来自自然流量。

（a）　　（b）

图 2.8

在我们第 17 期金牌训练营的学员案例中，已有多个 YouTube 频道突破了 10 万次订阅量大关，并成功获得 YouTube 官方颁发的创作者奖牌（见图 2.9）。YouTube 在创作者激励方面建立了卓越的机制，这正是全球范围内能持续涌现出众多优质 YouTube 博主的关键所在。

让我们来看这组令人惊叹的数据（见图 2.10）：单条视频获得了超 1.9 亿的观看次数，带来超 11 万的新增订阅人数，仅这一条视频就创造了超 6 万美元的收入——而且这些数字仍在持续刷新纪录。

YouTube
Presented to
Inflatablecostume
YouTube
孟想高级会员 2 群【答疑】(500)
官方送的奖牌到了
为什么给你送这个?
真棒
10万次订阅量
牛
相信大家也能拿到
厉害

图 2.9

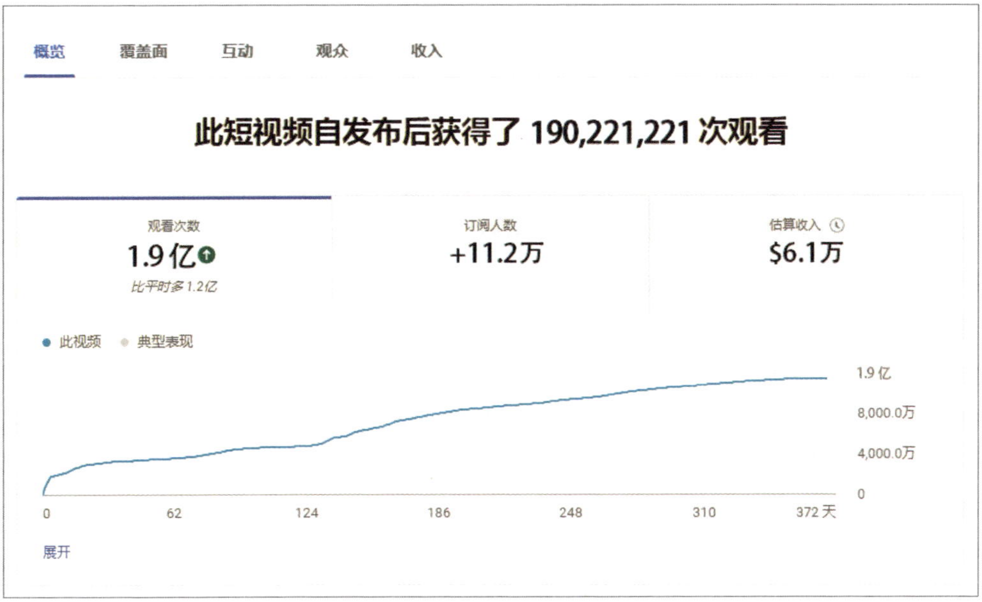
概览
覆盖面
互动
观众
收入
此短视频自发布后获得了 190,221,221 次观看
观看次数
1.9 亿
比平时多 1.2亿
订阅人数
+11.2万
估算收入
$6.1万
此视频
典型表现
1.9 亿
8,000.0万
4,000.0万
0
0
62
124
186
248
310
372 天
展开

图 2.10

在 YouTube 内容生态中，短视频和长视频并不是彼此独立的内容形态，而是承担着各自不同但又高度协同的角色。短视频更像是“流量入口”，以轻量、易传播、高曝光的特点在短时间内吸引大量潜在用户的注意，可以迅速提升账号的整体活跃度与用户覆盖面。而长视频则承担着“营销承接”的作用，通过更完整的内容结构与深度价值，促成用户对产品、品牌或服务的进一步了解与信任，最终实现订单转化。

因此，我们可以构建一套“短引流、长转化”的内容策略：通过短视频实现广泛触达用户的目的，将用户引导至长视频中深度“种草”，从而实现从关注到购买的自然过渡。这种组合打法已经成为当前 YouTube 生态中最具效率的内容转化路径。

2.5 YouTube 的订阅流量：被低估的私域流量

在 YouTube 平台的众多流量来源中，很多人忽略了一个非常有价值的渠道——订阅流量（见图 2.11），其实，这是所有流量来源中转化效果最好的类型。

图 2.11

2.5.1　订阅流量的价值

YouTube 的订阅机制类似于微信公众号的关注功能：当用户关注一个微信公众号后，只要该账号发布新内容，系统就会自动推送更新提醒，除非用户主动取消关注。这种订阅关系是一种基于信任的长期连接。

YouTube 的订阅机制同样如此。一旦用户点击订阅了你的频道，系统会将其视为“频道粉丝”，后续你发布的每一条视频内容，都会在订阅用户的首页、推荐页和搜索结果中获得优先展示。这意味着，你的内容不仅能反复触达同一批人，还能建立一个稳定的私域流量池。

这正是订阅流量的核心价值所在：它不是一次性流量，而是持续的内容影响力积累，更是对目标用户的长期沉淀和精准锁定。无论是提升转化率，还是实现内容复用与长期价值释放，订阅用户始终是最优质的流量来源。

我亲身经历过一个典型案例：一位 YouTube 频道订阅粉丝添加了我的微信号，他第一句话就说："孟老师，我关注你很久了。"交流后发现，他已经默默观看我的视频内容三到五个月。在这段时间里，我并不知道他的存在，我们也没有产生任何直接互动。但我发布的每一条视频，都在影响着他。当信任积累到一定程度后，他主动联系我表达想学习课程的意向，最终自然而然地完成了成交。整个过程没有任何推销，几乎不需要额外介绍，完全是通过长期内容影响实现的自然转化。

这种情况并非个例。我的许多学员都反馈过类似经历：他们的粉丝在持续关注频道数月甚至半年后，虽素未谋面，却已通过视频内容建立起深度信任。当这些粉丝进入私域后，成交往往水到渠成。常见的情况是，粉丝会说："我一直在看你的视频，觉得很专业，终于决定找你合作。"这种从"内容信任"到"成交信任"的自然过渡，正是订阅流量最独特的价值。

这正是订阅流量真正的力量：它不仅是一次点击行为，更是一段长期关系的开启；它不追求一锤子买卖，而是在悄无声息中实现了信任积累与持续变现的闭环。

2.5.2 订阅机制的两种类型

订阅机制分为两种类型。第一种是频道订阅（见图 2.12）：用户点击"订阅"按钮后，系统会将其标记为频道粉丝。此后，粉丝可以在YouTube的“订阅”栏目查看频道更新情况，同时在粉丝的“首页推荐”和“搜索结果”中，新视频也会获得优先展示。这就是YouTube 的“千人千面”推荐机制——粉丝会更容易看到已订阅频道的内容。简而言之，订阅的核心价值在于：让你的视频能更稳定地触达粉丝，形成稳定的触达链条。

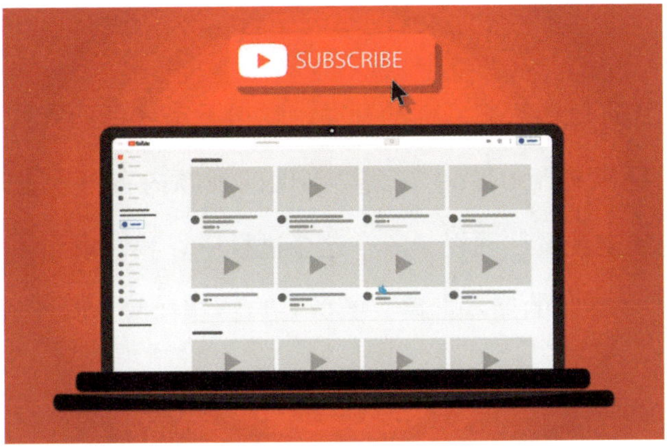

图 2.12

第二种是开启铃铛提醒（见图 2.13），这才是和用户建立高黏性连接的核心。用户点击“铃铛”图标后，系统会在新视频发布后，通过手机通知、YouTube 首页提醒和邮件发送等方式第一时间推送提醒消息。这种机制相当于给用户发送了一条“专属通知”。因此，开启通知的用户往往是最具转化潜力的高质量用户。

我作为 YouTube 的长期用户，曾持续关注一位博主。他专注分享各类实用技巧，干货十足，讲解深入浅出，几乎每条视频都能给我带来启发。

图 2.13

最初我只是偶然刷到他的视频，觉得不错就点开看看。后来我发现自己经常在 YouTube 首页刷到他的视频内容，于是开始主动进入他的频道观看往期视频。在这个过程中，我注意到他总会在视频里提醒："喜欢的朋友记得订阅并开启铃铛提醒。"

当时我对"铃铛"功能并不了解，只是因为这位博主的视频做得特别好，我对他产生了信任，就点击了"订阅"和"铃铛"按钮。没想到从此以后，他每次更新视频，我的手机通知栏、YouTube 首页甚至邮箱都会第一时间收到提醒。

他的频道保持每周更新一次的频率，每一次更新我都能第一时间看到，逐渐形成了观看习惯。由于内容质量始终如一，加上这种"每周见一次"的高频接触，我潜移默化地把他当成了"这个领域里最权威的人"。

所以说，通过"频道订阅 + 铃铛提醒"的机制，即便素未谋面，他已成为我心目中的行业头部博主。

2.5.3　铃铛提醒是关键

遗憾的是，很多用户并不了解铃铛功能的作用。因此在运营中，我们需要主动引导——无论是视频内容、结束话术，还是文字描述和置顶评论，都要明确提醒用户："记得订阅频道，并开启铃铛提醒功能。"

从本质上说，"订阅频道 = 高黏性粉丝经济"。当用户订阅了我们的频道，特别是开启铃铛提醒后，他们就不再是偶然的访客，而是我们可以持续触达的"准客户"。每次内容更新，他们都会看到，只要保持优质内容输出、不断传递价值，就能逐步建立信任，最终转化为询盘和成交。这就是典型的"内容带信任，信任带成交"的运营逻辑。

因此，必须重视对订阅用户的长期运营：内容要持续、有规划地输出；互动要有温度，评论要及时回复；必要时通过私信、直播等形式增强粉丝黏性。订阅者不是数字，而是我们最核心的流量资产。

最后，要提醒一点：订阅数的增长是一个长期过程，不可能一蹴而就。它需要系统性的内容规划、精准的节奏把控和深度的社群互动。与其不断追逐新用户，不如先深耕现有订阅用户，把每位订阅者都当作潜在客户来运营，持续触达，转化自然水到渠成。

第 3 章

YouTube 爆单视频的三大类型

很多人在运营 YouTube 频道时，最常见的问题并不是内容质量问题，而是缺乏系统性的整体规划。他们没有清晰的内容结构，视频之间缺少协作逻辑，也没有为不同阶段的用户准备合适的视频类型。结果往往是：即使每天更新内容，也看不到实际效果；偶尔有一条视频爆火，带来了一些流量或询盘，但后续缺乏承接，最终成为一次性的“流量孤岛”。

这并不是拍摄技术的问题，而是整体运营思维的问题。真正高效的 YouTube 频道，背后一定有清晰的视频结构分工（见图 3.1），能够覆盖用户从“看见你”到“信任你”，再到“买你的”全过程。这就是我们在这一章要讲的核心策略——通过结构化运营，打造一个具备引流、营销与转化闭环的视频内容系统。

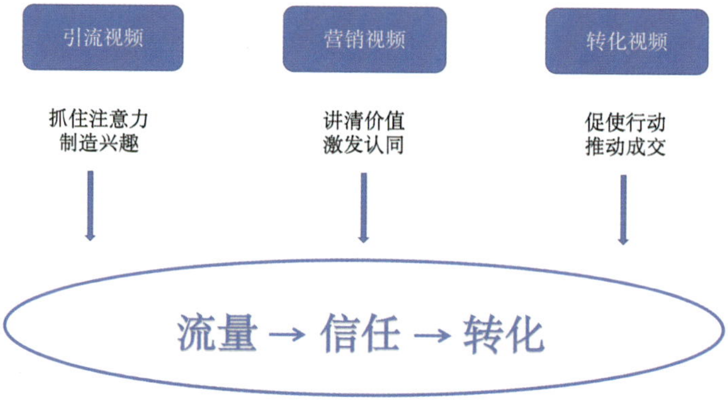

图 3.1

首先是“引流视频”。它的任务是出现在潜在用户面前，吸引他们点击并记住你的频道。这类视频强调趣味性、话题性和反差感，不需要过多解释或强行推销，重点是要能“吸引眼球”。它的作用类似于一块招牌或“第一印象”，哪怕用户只是短暂记住你的品牌名，就达到了引流目的。很多高播放量的视频内容，其实就是为了吸引点击而存在的。

当用户通过引流视频进入你的频道后，下一步需要用“营销视频”建立认知和信任。这类视频的重点是讲清楚你的价值——你是谁、能解决什么问题、与别人有什么不同。它可以是品牌理念的表达、产品功能的演示，或是服务流程的介绍。相比引流视频，营销视频逻辑性更强、信息密度更高，是帮助用户建立信任的关键环节。

最后是“转化视频”。当用户对你的品牌已有基本认知后，最需要做的是明确行动指引。转化视频的任务就是促进成交。它需要直接告诉用户：产品的核心卖点是什么、应该怎么购买、从哪里下单、联系谁才有效。这个时候，内容表达要足够清晰，行动路径要简单直接。可以参考苹果产品发布会的产品演示，那就是经典的转化型内容结构。

很多人想用一条“万能型视频”解决所有问题——

既要引流，又要营销，还要转化。看似高效，其实很容易失败。因为在信息碎片化的时代，用户没有耐心看完一条什么都讲却什么都讲不清的视频。正确的策略是：把一条视频的任务做“轻”，但把整个频道的任务做“重”，通过结构分工实现整体协作。引流视频解决“谁来认识你”，营销视频解决“为什么信任你”，转化视频解决“如何找你购买”。

当视频结构明确、内容分工清晰、节奏把控合理，YouTube 频道就不再是简单的“内容合集”，而是一套真正具备获客能力的内容系统。这套系统将源源不断地为你带来新用户，进而沉淀为精准客户，最终实现成交。

在详细讲解三类视频之前，我们不妨先来观察大多数人在运营 YouTube 频道时，所创作的视频内容通常具有哪些特征。请扫描下方二维码（见图 3.2），查看示例视频，并思考以下问题。

（1）这条视频是否为“纯展示型”？

（2）这条视频是否缺乏清晰的节奏设计和故事逻辑？

（3）这条视频是否缺少用户视角的内容和情感共鸣？

这条视频虽然实现了基本展示功能，但往往信息密度低、吸引力不足、用户停留时间短，更难引发点赞、评论、订阅或转发等互动行为。平台通常不会推荐这类内容，自然也无法实现转化效果。

图 3.2

问题根源在于：内容缺乏结构性，没有明确目的。用户看完可能记住了某一件产品，却记不住你的品牌；更不会因为看了你的视频而对你产生信任。

所以，真正能带来结果的视频，必须明确自身在“内容闭环”中的角色，是引流？是营销？还是促转化？不要“什么都想讲”，结果“什么都没讲清”。

接下来的内容，我们将围绕引流视频、营销视频与转化视频这三种类型，分别展开讲解。从内容定位到结构设计，再到实操案例，帮助读者真正构建起具备流量承接与转化能力的 YouTube 视频系统。

3.1 引流视频：吸引流量

在整个视频内容体系中，引流视频扮演着“第一触点”的角色。它的核心目的是，在最短时间内吸引用户的注意力，让从未听说过你的人愿意点进来、看下去，并对你或你的品牌产生初步印象。

这类视频通常具备轻松、娱乐性强、易传播等特点，更偏向于“吸睛”而非“讲理”。它不强调产品参数或销售信息，而是通过趣味性、话题性、反差感等元素，激发用户的情绪共鸣与好奇心，从而完成“陌生人注意你”的第一步。

在内容策划上，建议围绕轻松、有趣、具有吸引力的内容方向进行创作。例如，与行业相关的趣闻轶事、轻松搞笑的场景演绎、具有反转逻辑的小短剧、令人惊讶或“出其不意”的短片段等，这些都是典型的引流视频形式。

需要特别说明的是，引流视频并不承担“成交”任务，只要能够成功吸引新用户，并为后续内容承接打下基础，引流视频的目标就已经达成。

商家或内容创作者到底如何做出比较好的引流视频呢？请扫描以下二维码（见图 3.3）观看，这是一条来自“Zoomlion Global”频道的视频。

图 3.3

这条视频的核心内容不是产品本身，而是娱乐、趣味性的内容，通过展示古装美女的武术表演，使内容的包容性更强，受众更广泛，能有效吸引用户停留（不限于目标用户群体）。当有了流量后，商业价值自然能体现出来，我们可以在视频中嵌入广告。

例如，在这条视频里，古装美女的背后展示了这家企业的产品，视频结尾处还展示了企业品牌 Logo。正如刚才介绍的，这个视频的核心内容并不是产品，而是以中国传统武术文化为主。但如果视频的受众是我们的潜在客户，当他们需要这款产品时，就会主动进入我们的频道了解更多。如果一条视频既能获得更多的流量和受众，又能吸引到潜在客户，那么这条引流视频就是成功的。

YouTube 发展至今，平台生态已经高度成熟，这是其他许多平台所不具备的。其中的 Shorts 板块，更是为引流型内容量身打造的，天然适合作为吸引新用户、扩大曝光范围的入口。

再来看第二条视频，也非常有意思，来自“Inflatablenshow”频道的视频。扫描以下二维码（见图 3.4）观看。

图 3.4

这条视频结合了时下流行的热点元素，比如万圣节角色扮演这种社交互动形式，人们会一起参加装扮聚会、家庭聚会来庆祝节日。这条视频借助了万圣节搞怪扮演的热点话题，制作了一条 6 秒左右的短视频。由于短视频是循环播放的，视频巧妙地运用了音乐、表演和道具（产品植入），而且没有明确的结尾设计，让用户根本不知道什么时候是视频的结尾，会不知不觉观看近 60 秒，实际上已经循环播放了 10 遍，达到了 1000% 的完播率。这条视频因此在 YouTube 上获得了成功，截至目前播放量已达 1.9 亿次，而且还在持续刷新纪录。

再来看第三条引流视频（见图 3.5），名为 “Teaches You to Dance The Most Popular Christmas Dance” 的视频。

图 3.5

这条视频巧妙地结合了时下流行的圣诞节元素，用特效制作了圣诞老人跳舞的画面，并配以耳熟能详的圣诞歌曲，让用户产生认同感。这种展示方式本身就很有特色，形成了视觉反差，同时在画面左右两侧也巧妙地植入了产品信息。如果观看这条视频的受众中有你的潜在客户，他们就会点击观看更多产品相关视频。

3.2 营销视频：建立信任

在完成引流之后，下一步便是如何把“注意你的人”转变为“信任你的人”。这正是营销视频所承担的任务。与引流视频相比，营销视频最大的区别是，营销内容以传递价值为核心，而不像引流视频那样，以吸引用户眼球为主。

引流视频的内容往往并不以产品为核心，它的内容构成大多是“80% 取悦用户，20% 品牌植入”，其目的在于吸引点击、扩大触达面。而营销视频则完全不同，它是站在潜在客户的视角，深入理解对方的需求与痛点，以专业内容来传递解决方案、建立信任、激发兴趣，并逐步获得用户认同。

营销视频通常具备以下特点：内容结构更加清晰，信息密度更高，视频节奏更为沉稳。它不仅要讲清楚产品或服务的优势，还要说明品牌理念、服务流程，甚至通过案例、用户见证等方式来增强说服力。在内容形式上可以是产品演示、功能解说、常见问题答疑或是场景化应用解析。建议采用更专业的拍摄手法，并搭配清晰的字幕与讲解。

这类视频的目的不是促成一次成交，而是“打动用户心智、形成长期印象”。它属于典型的“兴趣电商”思维——通过内容影响用户决策，提升品牌在用户心中的可信度与专业度。

如果说引流视频是“破冰”的动作，那么营销视频就是“升温”的过程。用户通过引流内容认识你，通过营销内容开始信任你，也为接下来的转化视频做好了铺垫。更重要的是，当用户因为营销内容而选择点击“订阅”按钮时，你就拥有了一批可以反复触达、高意愿、高信任的核心流量，他们将成为你未来转化率最高的客户群体。

我们来看第一条视频，来自“Tongling Musical Instrument Co.,Ltd.”频道，扫描下面二维码（见图 3.6）观看。

图 3.6

这条视频与图 3.2 中展示的视频风格一致，都属于典型的展示视频。但不同之处在于，这条视频的内容密度非常高，平均每 3 秒就会切换一个镜头，仅用 3 分钟时长就能完整呈现工厂全貌，这正是展示视频最具优势的特点。

很多企业并没有有效利用这种形式，只是采用单一镜头拍摄。

这里要考验专业的视频制作能力，一般企业往往缺乏专业的拍摄和制作技术。其实对于工厂展示类视频，企业可以找专业团队帮忙拍摄制作，因为这样的视频可以一劳永逸，毕竟你的工厂也不会经常改变。找专业团队费用并不高，但效果立竿见影，而且拍摄的专业素材还可以保留，供后期制作更多视频内容使用。

来看另一条名为“Meet ZOOMLION Smart Industry City@ Earhmoving Machinery Factory 中联重科智慧产业城挖掘机工厂”的视频，扫描下方二维码（见图 3.7）观看（视频内容为节选）。

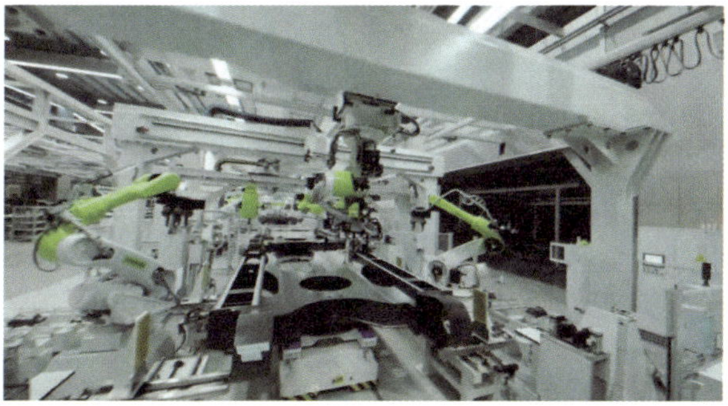

图 3.7

这条视频也属于营销视频，直观清晰地展现了企业产品的实力和实际应用，上一条视频展示了产品的生产过程，体现了企业的生产力，而这条视频则体现了产品在实际应用中的直观效果。

营销视频的核心并不是硬性推销产品，而是展示自身实力，让真正的潜在用户被触动，主动寻求合作。同时，营销视频也是一个长期种草的过程，通过持续曝光和营销，最终实现成交转化。

在营销视频的实际应用中，我们可以根据不同企业、产品和客户的特点，选择适合的表现形式。以下是一些在品牌塑造与价值传递中广泛应用的视频类型，供读者参考。

企业宣传片是最常见的营销形式之一，主要用于展示企业的品牌形象、发展理念和整体实力，适合在官网首页和展会播放，或者在用户初步了解阶段使用。企业纪录片则更注重故事化表达，通过企业成长、团队文化或创始人视角，来增强品牌的真实感与情感认同。

案例视频聚焦于客户视角，通过实际应用场景和解决方案来展示产品价值，极具说服力，特别适合 B2B（Business-to-Business，企业与企业之间）场景或高客单价产品。好评视频则收集用户反馈或客户证言，作为“第三方视角”的信任背书，是建立认同感与社交证明的有效方式。类似的还有新闻视频，通过媒体化风格或行业视角传达企业动态、技术突破、奖项荣誉等，提升品牌权威性。

此外，vlog 也越来越多地被企业用于“品牌人格化”表达。它以生活化、轻松的方式记录企业日常、团队故事或幕后花絮，有助于拉近与用户的心理距离，增强好感度，获得用户的持续关注。

在信息密度方面，教学视频与安评视频（安全评测类）能够体现品牌的专业度与用户关怀意识，特别适合技术型或标准要求高的产品。对于结构复杂或需要安装指导的产品，展示视频与安装视频则可作为产品介绍的延伸内容，提升使用体验与用户信任度。

这些营销视频在形式上各不相同，但它们的本质都是围绕一个核心目标：传递价值、建立信任、激发认同。通过合理选择与结构化运用，不仅能让用户更好地理解“你是谁”“你能解决什么问题”，也能为后续的转化打下坚实基础。

3.3　转化视频：促成交易

本节我们来介绍转化视频。这类视频的核心任务是在用户已经建立信任并产生兴趣的基础上，促使其采取具体行动。与营销视频不同，转化视频的目标更加明确——不再强调品牌、塑造理念，而是直接聚焦产品，促成最终成交。

在这个阶段，用户对你的品牌已有基本认知，甚至已经在考虑购买你的产品。此时，转化视频要做的不是继续解释“你是谁”，而是清楚地告诉用户“现在就可以下单”“这样做你不会错过优惠”“马上购买能获得哪些独家价值”等。它的作用是推动“犹豫的用户”迈出关键一步。

这类视频通常包含以下几个关键特征。

（1）明确的行动号召（比如“现在订阅”“立即购买”）。

（2）清晰的下一步操作引导（比如，“扫码”、跳转链接、“添加联系方式”）。

（3）给出“现在不做就会错过”的心理暗示（见图 3.8）。在内容上可以直接展示产品优势、客户案例对比、限时优惠政策，甚至模拟下单流程，让用户消除最后的顾虑。

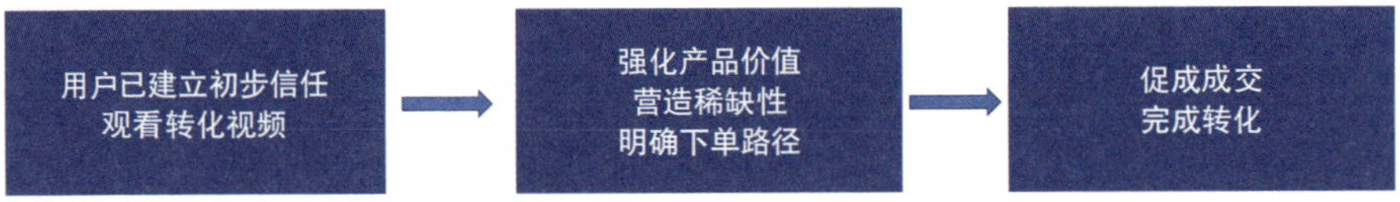

图 3.8

为了更直观地理解转化视频的作用，我们不妨借鉴短视频电商平台（如抖音）中常见的直播策略。很多主播在开播前，都会先发布一系列引流型的短视频，例如“1 元钱可以买 2 件、3 件，甚至 10 件”这种制造价格反差的内容，其本质并不是让用户马上通过短视频下单，而是让用户产生一种“这样的优惠我不能错过”的心理预期，这样用户会下意识进入直播间。

进入直播间后，主播会快速强化这种心理暗示：“现在只剩两件了”“拍完就没有了”“这个价格仅限今天”……这种紧迫感、稀缺感的持续施压，会在人群中制造“抢购焦虑”，让人猝不及防地下单。所以说，成交不是“顺其自然”的结果，而是“设计出来”的营销策略。

YouTube 平台上虽然没有“直播间氛围”，但转化视频承担的角色是一样的：为用户提供一个明确、可执行的成交路径，并创造足够的理由，让他们“现在就决定”。特别是对于高客单价的 B 端（代表企业用户）产品，更需要用清晰的结构与视觉引导，一步步打消用户顾虑，完成成交。

因此，转化视频不仅是视频内容结构中的“收口”，更是整套视频运营中不可或缺的一环。它是大多数人目前最容易忽略但最应该加强的短板。做不好转化，流量再多、点赞数再多，最后都只是热闹——没有订单。

一起来看转化视频的成功案例，分别来自“Zoomlion Global”频道和“Yuhong Heavy Machinery”频道，扫描下方二维码观看（见图 3.9、图 3.10）。

图 3.9

图 3.10

关于转化视频，还有一个非常典型的问题值得单独讲。我的很多学员在实操中常常会问："老师，我明明是做 B 端业务的，但在 YouTube 上发布视频后，反而有很多用户来问我能不能单买一件产品，这是为什么？"也有人会反过来问："老师，我只想卖单品，YouTube 上是不是不适合做这种小单生意？"

这个现象看似矛盾，实际上反映的是一个非常关键的底层逻辑：YouTube 并不"偏爱"单品或 B 端业务，它只是一个中立的平台，真正决定我们吸引什么样的用户、导向什么样的成交方式的，是视频内容定位，特别是转化视频中传递的营销意图。

我在前面所举的两个案例就很好地说明了这一点：第一条视频偏向单品转化，第二条则针对整条生产线的销售。两条视频都通过明确的内容设计，实现了各自目标用户的精准转化。

请记住这个原则：你要卖什么，平台不决定，你的内容决定。你的视频引导用户买单品，客户就来问："这个能单卖吗？"你的视频讲的是整套解决方案、生产线能力、产能配置，客户自然就会问："这整条线能定制吗？"

这就像我们熟悉的朋友圈营销。如果你发的内容是："我用了这款面膜后皮肤变好了。"那么大多数人可能只想买几片试试。而如果你发的内容是："因为我做了面膜代理，现在买房买车，年入几十万元。"那么自然吸引来的就是想做代理、想赚钱的人。因此，其本质区别不在产品，而在文案背后的意图和引导。

所以，如果你希望在 YouTube 上卖单品，就聚焦于讲清这件单品的价值、使用场景和优惠政策；如果你希望用户对接整条生产线，那么就花时间把生产线的技术细节、配置优势、服务保障等讲清楚。

前面我们花了大量篇幅系统讲解了在 YouTube 上想做成交的三种视频类型，至此，相信读者已经具备了基本的内容框架思维，知道该如何制作不同类型的视频来承载不同的功能。但了解框架只是第一步，真正让这三类视频产生“协同效应”的关键是，如何把它们有效串联起来，形成一个完整的内容闭环。这就引出了我们接下来要讲的重点——YouTube 的连接机制。

YouTube 本身具备强大的“内部连接”与“外部连接”能力，如果我们能灵活运用好这种能力，就能让用户在你的频道中不断跳转、反复停留，甚至从视频直接跳转到外部页面，完成最后的转化。

因此，在接下来的部分，我将讲解如何通过合理布局内部链接和外部链接，把“引流→营销→转化”这三类视频内容真正连接起来，构建一个可控、可复制的线上营销闭环。

3.4　“引流—营销—转化”闭环策略

YouTube 本身提供了两种主要的链接形式，用于将视频内容进行延展与引导：一种是内部链接，另一种是外部链接（见图 3.11）。

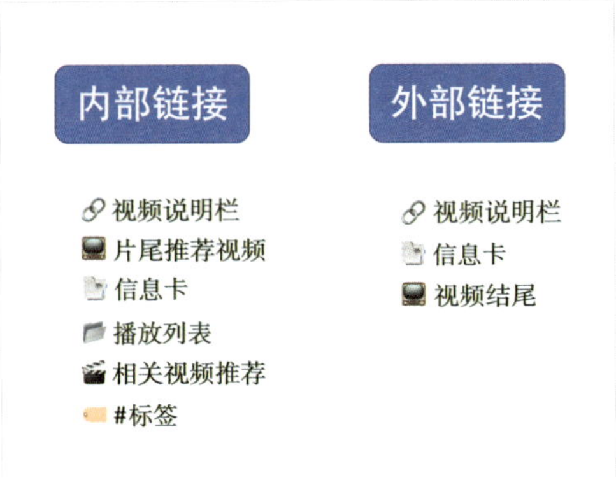

图 3.11

1. 两种链接形式

内部链接是指，用户在平台内跳转，常用于引导用户观看你的其他视频或访问频道内的其他相关资源。常见的内部链接形式包括：视频说明栏、片尾推荐视频、信息卡、播放列表、相关视频推荐以及话题标签（“# 标签”）等。

这些链接可以巧妙地与引流视频、营销视频和转化视频进行关联，将原本零散的视频内容串联成一条有逻辑、有节奏的用户观看路径。通过链接的引导，用户可以从“被吸引”自然过渡到“产生兴趣”，再进一步走向“下单转化”，真正实现内容之间的协同配合与闭环营销。

外部链接则是指，从 YouTube 跳转至平台之外的页面，例如，企业官网、落地页或 WhatsApp。常见的外部链接设置的位置包括：视频说明栏、信息卡以及视频结尾。不过需要注意的是，外部链接通常需要通过账号验证或与网站进行关联设置，方可启用跳转功能。

2. 六种链接设置方式

第一种设置方式是通过视频说明栏设置。说明页是布局内外链接的最重要位置，我们来看图 3.12。

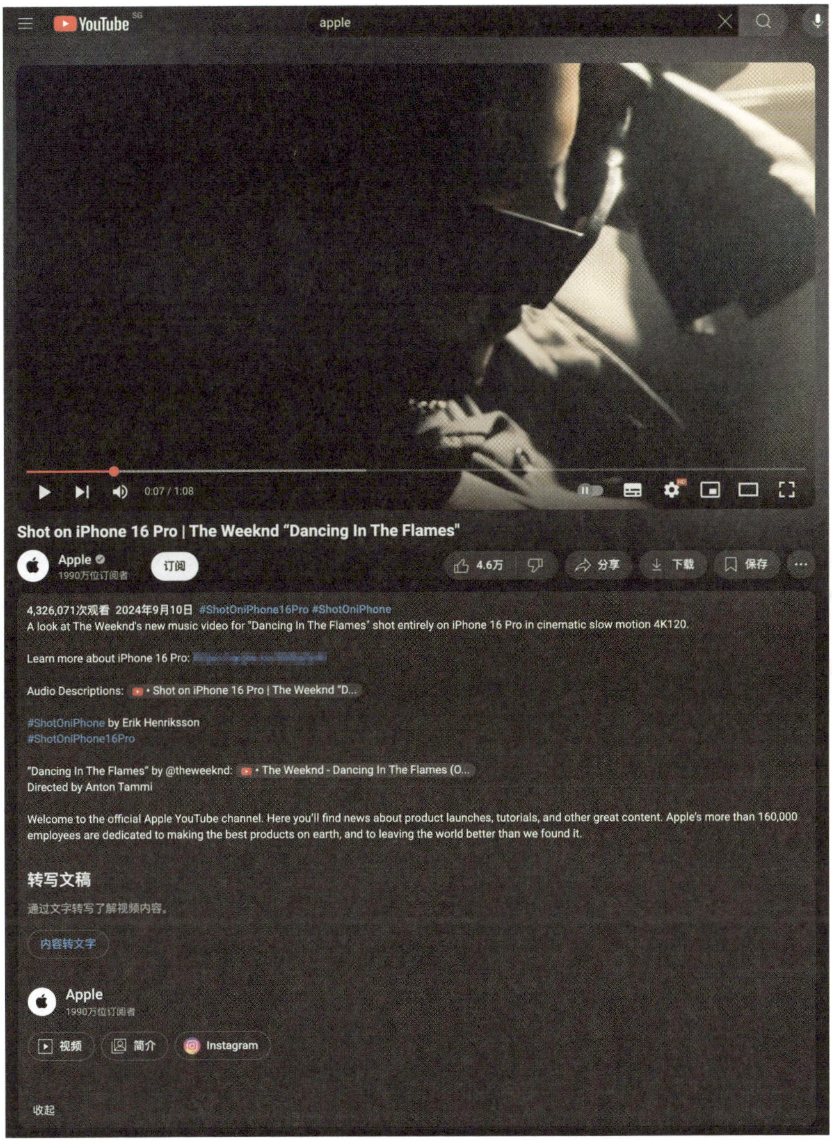

图 3.12

在 YouTube 的视频说明栏中，创作者最多可以填写 5000 个字符，用于补充内容信息、添加跳转链接与行动引导。这个区域不仅仅用于“说明”，更是连接用户行为的关键位置，被广泛应用于视频的延展内容推荐与转化引导。

如图 3.13 所示，这是一个典型的视频说明结构。在第一行，以“https://apple.co/…”为代表的链接属于外部链接。点击后，用户将跳转至 YouTube 平台之外的页面，例如，品牌官网、商品详情页或独立落地页，用于提供更完整的产品信息或促成转化行为。

图 3.13

第二行“Shot on iPhone 16 Pro”前面的小图标，表示这是一个可跳转至 YouTube 平台上另一条视频的内部链接。点击后，用户会在站内完成跳转，继续停留在频道内观看相关内容，进一步加深对品牌或主题的了解。

这两种链接方式的结合，是构建视频结构闭环的重要手段。内部链接可以引导用户在频道中持续停留，从引流视频引导到更多营销内容；外部链接则承担起将用户导出平台、实现注册、下载、咨询、购买等实际转化动作的功能。因此，视频说明栏的设计不仅能提升用户体验，更是将“引流 → 信任 → 行动”串联起来的重要路径。

第二种设置方式是在视频结尾。在视频结尾设置的意思是，在视频快结束的最后 20 秒，添加屏幕卡片。在 YouTube 上，视频结尾区域是实现“用户流转”的重要位置。它不仅可以促使用户点击“订阅”按钮，还可以通过链接设置，引导用户继续观看其他视频或跳转至外部页面完成转化。

如图 3.14 所示，这是一个典型的在视频结尾布局内外部链接的结构。在视频播放接近尾声时，屏幕中间将自动出现推荐内容区。左侧为内部链接，点击后用户将跳转至创作者频道上的其他视频，例如可以在这里推荐更多的减肥营养餐谱视频，帮助用户进一步了解教程。

图 3.14

而右侧则设置了外部链接，用户点击后将被引导至平台之外，例如，课程详情页、产品销售页或表单填写页。对于已经产生购买意愿的用户，这种设置可以实现快速转化，避免流量流失。

这种“片尾引导”机制的本质，正是通过内部链接与外部链接的双向布局，实现不同内容之间的流动与承接：对感兴趣但尚未决策的用户，引导他们继续停留在你的频道获取更多信息；而对已经有意愿的用户，则提供一个明确可执行的行动路径。

因此，这种设置方式的核心价值，就在于它能够根据用户行为状态，进行精准分流——留下感兴趣的人，带走准备下单的人，从而真正把视频内容串联成一个营销闭环。

第三种设置方式是通过信息卡。信息卡的作用和在视频结尾设置链接的作用是一样的，都是为了实现引流的目的。

只不过信息卡出现的时间点可以在视频的任意时段，我们可以在后台手动添加，其位置可以自定义，包括文案也可以自定义。在后台添加的过程中，可以添加内部链接和外部链接，内部链接可以关联视频、播放列表和频道，而外部链接可以直接跳转到独立站或者产品落地页。

信息卡的展示形式是在观看视频时视频右上方会出现文字弹出提示，同时在视频说明栏下方也会有卡片提示（见图 3.15）。与片尾设置不同的是，它可以在任何时间出现，并且能配合视频文案使用。例如，“如果你对我的减肥营养餐谱感兴趣，可以点击这个（同时弹出信息卡文字）”，提示用户点击。

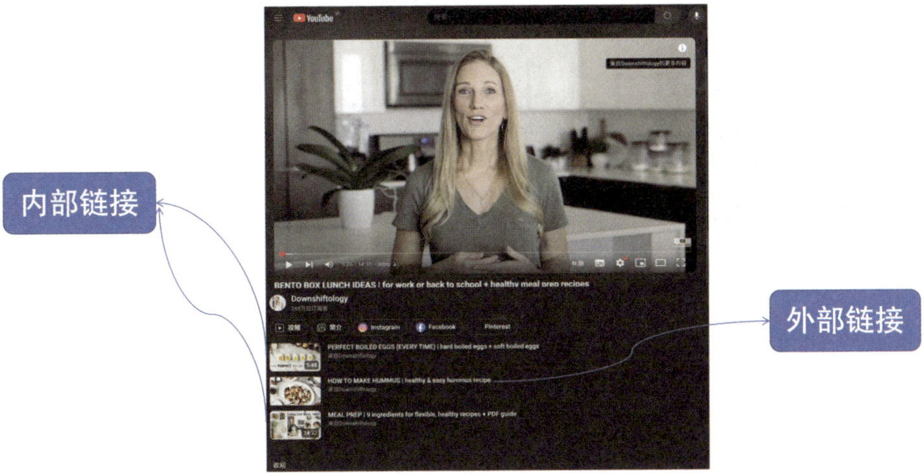

图 3.15

第四种设置方式是通过播放列表。在 YouTube 的链接体系中，播放列表是一种被广泛应用的内部链接形式。它不仅可以帮助创作者组织内容、提升用户观看体验，更重要的是，它可以将多个具有关联性的视频组合成“专题专栏”，引导用户按路径连续观看，从而创造更深度的内容沉浸体验。

如图 3.16 所示，这是一个以“Healthy Basics”为主题的播放列表，列表中整合了不同角度的健康食谱视频。用户点击任意一条视频后，系统会自动推荐观看同一播放列表下的其他视频，形成连贯的观影体验。

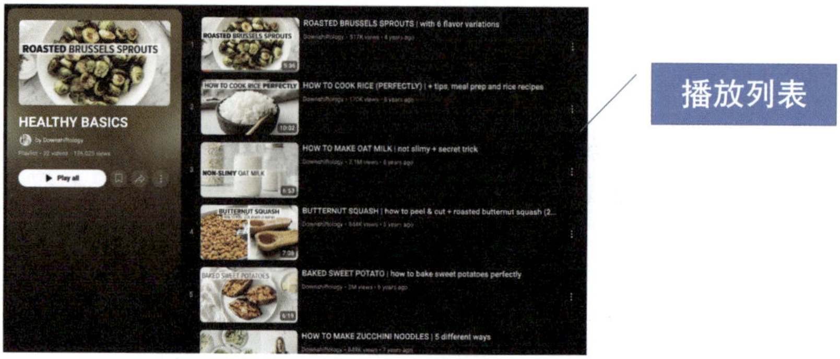

图 3.16

对于内容创作者而言，播放列表的价值远不只是“分类管理”。播放列表的本质，是一种高效的“内容场景化组合”工具，它能帮助我们把单条视频变成结构化的传播体系。

你可以将它理解为一个“产品专栏”或“主题销售页”的视频版本。比如，如果你是某个品牌方，可以制作一个专属播放列表，标题为“品牌故事与用户案例合集”，视频包含以下几种类型。

（1）企业宣传短片（营销视频）。

（2）客户使用体验（营销视频）。

（3）产品应用演示（转化视频）。

（4）趣味活动记录（引流视频）。

通过这样一个播放列表，用户可以从轻松观看的趣味视频入手，逐步了解品牌文化，从而信任产品价值，最终走向下单成交。这样的布局，使得整组内容有节奏、有层次，串联方式自然，既满足了用户需求，也实现了内容价值的最大化释放。

第五种设置方式就是植入相关视频。“短视频引流→长视频转化”，这是近期在 YouTube 生态中最有价值的商业升级策略，因为长视频内容相对专业，所以流量相对来说偏低，而短视频的内容偏娱乐趣味性，所以流量偏高，但短视频的缺点是转化能力不高，而这样的升级策略是真正打通了 YouTube 的商业生态。

如图 3.17 所示，这是一个典型的“短视频引流 → 长视频转化”的结构应用案例。当用户在首页或 Shorts 板块刷到这条短视频时，首先被下方标题吸引，点击标题后，页面会直接跳转至右侧的长视频内容。

图 3.17

我们可以将这种做法理解为“预热式引导”：短视频降低了内容门槛，打破了用户的心理防备，而当他们点击标题进入长视频后，系统便完成了从流量引入到深度内容承接的过渡。这种策略尤其适合在引流视频中引导用户观看后续的营销视频或转化视频，形成连续性的内容观看体验。

再次强调，“短视频引流 + 长视频转化”，是目前内容组合中非常高效的一种转化路径设计。

第六种设置方式就是“# 标签”。每条视频在 YouTube 平台上都会被打上标签，而“# 标签”是我们主动为相关视频添加标签的方式，也是相同标签视频的一种主动关联形式。

如图 3.18 所示，两条视频都同时添加了“# 为外贸人量身打造的视频制作课程”，一条是短视频，另一条是长视频或其他类型视频。

图 3.18

当用户点击这个标签后，如图 3.19 所示，可以看到结果中有 397 条视频和 8 个频道同时使用这个标签，所有符合这个标签的视频都会出现在这个界面中。引流视频、营销视频、转化视频虽然类型和表现形式不同，但它们可以使用相同的标签，这样系统就会把它们关联到一起，无形中就是帮我们的视频进行最大程度的曝光。

图 3.19

3.5　视频爆单黄金三角模型

在本章最后一节，我通过图 3.20 来让大家深刻地理解，视频与视频之间以及内部外部导流到底是什么样的逻辑关系。

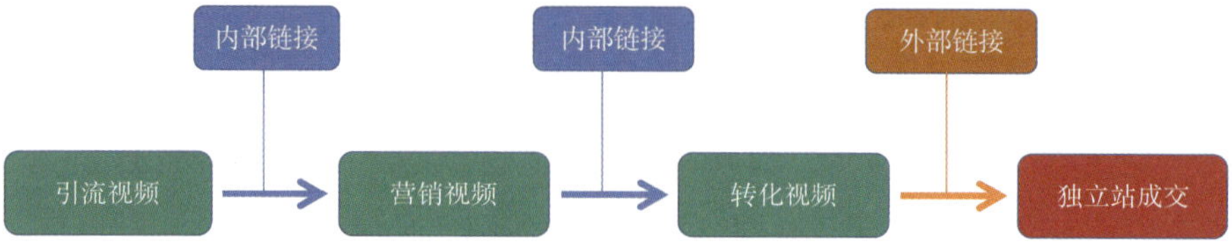

图 3.20

首先，从“引流视频”入手，因为引流视频的受众范围广，多以趣味性、话题性、娱乐性内容为主，通过创意内容吸引大量用户停留和观看，并在视频中巧妙植入产品或品牌信息。这类视频具备较强的曝光度和传播力，能有效提升品牌认知。

当视频开始积累观看量后，我们需要通过“内部链接”将流量引导至“营销视频”，营销视频的任务是让潜在用户对视频产生进一步兴趣，主动点击观看更专业、更聚焦的内容，从而激活他们的购买意愿。

接下来，营销视频的页面再通过相同的链接机制，引导用户进入“转化视频”。这一类型的视频聚焦产品本身，详细介绍了产品功能、优势、使用场景，并辅以促销引导、限时优惠、客户案例等内容，推动用户立即行动（如填写表单、留言、跳转购买页等）。

到了转化阶段，我们就可以通过“外部链接”将用户引导至独立站、WhatsApp、询盘系统等转化落地页，完成成交。

YouTube 上的视频布局，绝不是简单的“上传产品视频”就能解决的，而是要通过“引流—营销—转化”三类视频的联动布局，借助内外部链接工具，构建出完整的客户引流与转化路径。

所以，引流视频负责“吸引流量”、营销视频负责“建立信任”、转化视频负责“促成交易”，三者缺一不可，互相协作，这样才能形成有效的 YouTube 视频生态闭环，持续为我们带来询盘和订单。

第 4 章

引爆 YouTube 流量核心：用对标签

YouTube 平台上每天都有大量新视频被上传，内容越多对平台的内容管理能力要求就越高。如果平台上都是大量未被分类的信息，内容越多反而会成为负担。YouTube 平台作为全球最大的视频平台和全球第二大搜索引擎，它的分类方式是通过“标签”来实现的。YouTube 平台有两种标签类型，分别是搜索标签和话题标签。

搜索标签可以帮助 YouTube 算法理解视频内容，从而让视频获得更好的自然排名，比如，获得更多 Google 和 YouTube 首页曝光机会，而话题标签则让用户通过点击相似主题的视频更容易找到我们的视频。掌握这两种标签的使用，可以显著提高我们视频的曝光量和用户互动频率。

但是在 YouTube 上，搜索标签和话题标签的使用方式和各自作用有着明显的区别。搜索标签，又称精准用户标签，主要作用是匹配用户搜索行为；话题标签，又称潜在用户标签，主要作用是触发系统推荐行为。这两个概念确实很难理解，很多人分不清楚，我就用最通俗的方式向大家说明。

比如，你是卖保险的，你开了一家保险营业厅，用户想买保险就会去你的营业厅咨询购买，这类用户是精准用户——他们有明确需求，可以立即成交（搜索标签）；另一种情况是，你还是卖保险的，但你没有营业厅，而是开了一家公司，办公场地在写字楼，这时你需要开拓市场，就得招聘业务员上门找客户（话题标签）。

其实不管是营业厅还是业务员，其目的都是为了曝光产品，但业务员上门推广的覆盖范围肯定比营业厅的方式更大，只是这类客户的需求是潜在的，需要一个激活过程。所以，YouTube 平台采用了营业厅模式（搜索标签）加业务员模式（话题标签）的结合，这样的解释不知道大家是不是能理解得更清楚一些？

4.1　搜索标签

在视频上传过程中，创作者在后台设置里填写的关键词或短语就属于搜索标签。这些词不会直接显示在用户可见的页面中，而是作为“隐形信息”嵌入视频的元数据里，帮助平台算法识别视频主题。

如图 4.1 所示，搜索标签位于视频的高级设置后台，对用户不可见，仅供系统识别与索引使用。

图 4.1

搜索标签的作用是提升搜索权重。当用户在 YouTube 上搜索某个关键词时，平台会优先推荐那些与该关键词高度匹配的视频（见图 4.2）。创作者通过合理设置搜索标签，告诉系统“这条视频讲的是某个具体主题”，从而提升视频在相关搜索结果中的排名，这也是视频 SEO 的基础操作之一。

图 4.2

4.2 话题标签

话题标签是一种更加公开、面向用户的标签形式。它们通常以“#”开头，可以直接添加在视频标题或描述中，用户在页面上可以看到。

话题标签位于视频的标题行或描述文字中（见图 4.3），用户点击标签后可跳转至 YouTube 内部一个聚合页，浏览所有已经标上相同标签的视频。

图 4.3

话题标签的作用在于内容聚合与主题导航。它帮助用户快速定位与某一个主题相关的内容，也方便平台对内容进行话题分类和推荐。例如，用户点击“# 李子柒”，就能看到所有使用该标签的相关视频。这不仅提升了内容的发现效率，也有助于创作者建立自己的标签阵地与内容归属感。

4.3　标签用错 = 白做

使用搜索标签的核心目的是精准定位——它帮助那些有明确搜索意图的用户快速找到你的视频；而话题标签的价值则在于，触达更广泛的潜在群体，激发原本没有明确需求的用户产生兴趣与点击行为。前者解决“你在找谁”，后者解决“谁能顺便看到你”。

因此，搜索标签更像是一把精准的钥匙，打开那些主动寻找相关内容用户的入口；而话题标签则更像是一张内容网，将你的视频推送到更多主题相关但未必有明确目标的潜在用户面前。

话题标签又该如何使用呢？商家通过研究自己客户的画像，分析自己的产品应该适合哪些用户群体，比如，矿山公司、建筑公司、政府部门、租赁公司、教育和研究机构、出口商和国际买家、中小型采矿企业等，那么商家可以在自己的视频中加上这些话题标签“# 采矿” “# 机器” “# 建筑” “# 设备” “# 煤炭开采”等。

合理设置这两类标签，不仅能够优化视频搜索排名、提升推荐权重，还能帮助视频同时覆盖精准需求与潜在需求，让系统理解“你是谁”，也让更多用户有机会认识你。很多时候，你的内容能不能“被看到”，就从设置标签开始。

请记住，在运营 YouTube 频道的过程中，内容始终是第一核心竞争力。内容为王，标签为桥，标签是连接视频与平台推荐系统之间的关键纽带。如果没有设置合适的标签，即便视频内容再优秀，平台也可能无法准确识别，最终导致曝光不足、流量断层。

在实际运营中，我们可以通过两个主要工具来高效获取和验证视频标签的选用方向。

首先是 ChatGPT，它非常适合在内容策划初期使用。我们可以借助它来梳理选题思路，拓展关键词维度，发掘内容的语义延展空间。无论是头脑风暴、结构规划，还是找出与你视频主题相关的关联词汇，它都能提供有逻辑、有创意的关键词提示，帮助我们快速搭建标签框架。

其次是 TubeBuddy，它是 Google 浏览器的一个插件，也是专门针对 YouTube 平台的专业工具插件，TubeBuddy 的具体安装步骤会在 5.1 节讲到，TubeBuddy 能够提供搜索热度、关键词竞争强度、标签排名机会等一系列数据支持。它更适合用于验证环节——当我们有想法后，可以通过 TubeBuddy 判断该标签是否具备获取流量的潜力，是否存在“上分”机会，避免盲目投入。

总结一句话，ChatGPT 帮我们“想标签”，而 TubeBuddy 帮我们“选对标签”。在日常运营中，标签的设置虽然看似简单，但其背后蕴藏着深刻的分发逻辑与内容识别机制。以下是几条实用建议，供大家在上传视频时参考。

（1）在视频上传前，建议提前准备 5 ~ 10 个相关标签，覆盖行业关键词、产品核心词、目标受众关注点等多个维度，形成基础的标签矩阵。

（2）同一个话题下的不同视频，尽量使用统一的标签体系，以便系统识别出内容的关联性，实现视频间的联动推荐，完成视频整体观看路径的闭环与提升完播率。

（3）视频发布后，建议定期复盘标签表现，可借助 TubeBuddy 等工具查看实际搜索表现与排名反馈，根据数据结果及时调整标签设置，保持标签系统的“活性”。

第 5 章

精细运营 YouTube 搜索流量

在前面章节中，我们系统探讨了 YouTube 平台的五大流量来源（即五大流量池）。需要强调的是，每个流量池都具有独特的运营逻辑与策略。要实现 YouTube 频道的高效运营，必须针对每个流量池实施精细化运营，从而确保流量的持续稳定增长。

其中，搜索流量具有特殊重要性——从事过独立站 SEO 优化的从业者都深有体会：虽然前期排名提升需要投入较多精力，一旦排名稳定后，其带来的流量不仅稳定可靠，转化效果甚至优于广告投放。这种长期价值正是前期系统性工作的回报。

在 YouTube 上想获得搜索流量，必须掌握以下五个步骤。

（1）热搜关键词获取与分析。所有流量都源于用户需求，缺乏用户需求的关键词自然难以获得优质流量，因此第一个环节就是获取并分析热门关键词。

（2）创作文案和视频脚本。文案是内容的核心灵魂，优质视频必然建立在优秀文案基础上，吸引人的标题、视频描述、脚本和缩略图文案同样至关重要。

（3）根据脚本制作视频。视频呈现形式多样，可选择实拍、素材剪辑或 AI 制作等，选择适合的风格十分重要。

（4）视频发布核心操作。视频发布环节最能体现运营者的专业水平，许多从业者只是简单上传，本章我们将重点讲解这一步骤如何具体操作。

（5）视频数据复盘与优化。新发布视频缺乏流量和曝光并不可怕，关键是要分析影响曝光、点击率和观看时长的原因，并制定改进方案。

5.1　热搜关键词获取与分析

第 4 章介绍过获取标签[1]的方法，其中用到的两个工具就是 ChatGPT 和 TubeBuddy，我们用 ChatGPT 来获取相关热门关键词，用 TubeBuddy 来验证关键词的热度情况，并获取更多长尾关键词。

视频能不能获得更高的曝光和流量，选好关键词是最重要的一环，千万不要忽略这个环节，我希望运营者能够在关键词选取上多花一些心思。毫不夸张地说，选好一个关键词比做好视频内容还要重要。

5.1.1　安装必备插件

首先，注册一个 ChatGPT 账号。ChatGPT 3.5 是免费版本，ChatGPT 4.0 是收费版本，建议读者使用 4.0 版本，因为模型更强大，可以分析文档、图片、网址，还能安装插件。也可以使用 DeepSeek 作为替代方案，考虑到 AI 技术的快速发展，具体选择哪个平台的模型，请以最新情况为准。

接下来安装 TubeBuddy 插件。需要注意的是，TubeBuddy 插

1　在本书中，如无特别说明，“标签”与“关键词”具有相同含义，均指用于帮助系统识别视频主题并将视频更好地推荐给潜在用户的信息。

件只能在 Google 浏览器上安装，因此建议使用 Google 浏览器来运营 YouTube 频道。具体安装步骤如下。

（1）在 Google 浏览器中搜索“TubeBuddy 安装”，如图 5.1 所示。

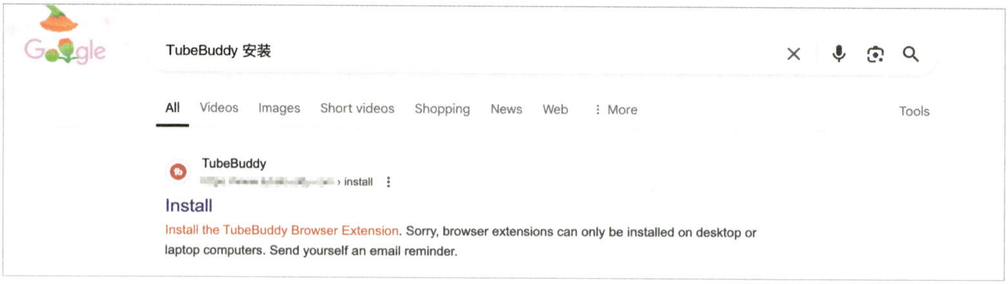

图 5.1

（2）点击右侧“添加至 Chrome”，等待自动下载并完成安装（见图 5.2）。

图 5.2

（3）打开 YouTube 首页，在右上角可以看到“Sign in to TubeBuddy”的登录提示（见图 5.3），按照指引登录 YouTube 账号即可。

图 5.3

（4）当看到“tb”图标（见图 5.4）时，即表示登录成功，可以正常使用插件功能了。

图 5.4

5.1.2　寻找热门关键词

现在，准备工作已经完成，接下来就开始实际操作。本节我将用自己行业的案例为读者做演示，这也是我自己实操过的完整流程。接下来我将以矿山机械（Mining Machinery）行业为例给读者做演示。

第一步，我告诉 ChatGPT 我是矿山机械行业的，我要在 YouTube 上获得精准用户，请给我提供行业热门关键词。图 5.5 是 ChatGPT 的回复。

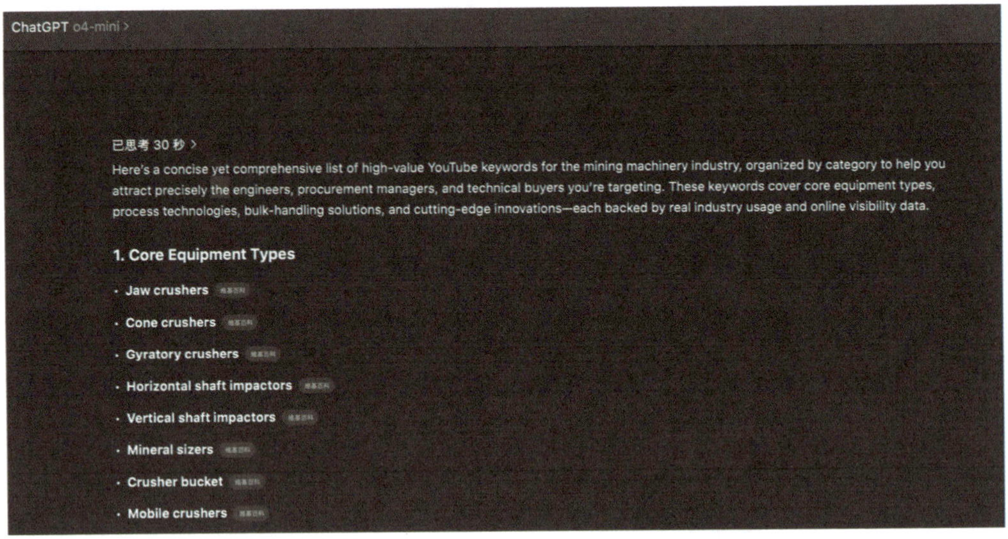

图 5.5

第二步，在获得这些行业热门关键词之后，通过插件工具 TubeBuddy，在 YouTube 首页输入关键词“Mining Machinery”，就可以获得这个关键词的实时搜索量，以及优化评分（见图 5.6）。同时，我还能获得更多与搜索标签相关的长尾拓展词，这对后续发布视频是非常有帮助的。

继续向下浏览插件页面，可以看到“Common Video Tags”视频标签（见图 5.7），这个标签就属于话题标签。

这里获取的话题标签是实时数据——在搜索结果中，视频中使用最多的词按照热门程度从上往下排列，还可以看到话题标签的热度条。所以说，话题标签如何选取，最重要的考量因素就是“关联性”和“热度”。如果只有内容关联性没有热度，那就很难获得平台推荐；而如果只有热度，内容没有关联性，用户也不会买单。TubeBuddy

这个插件就可以很好地帮助我们获取这两类对 YouTube 运营至关重要的标签。

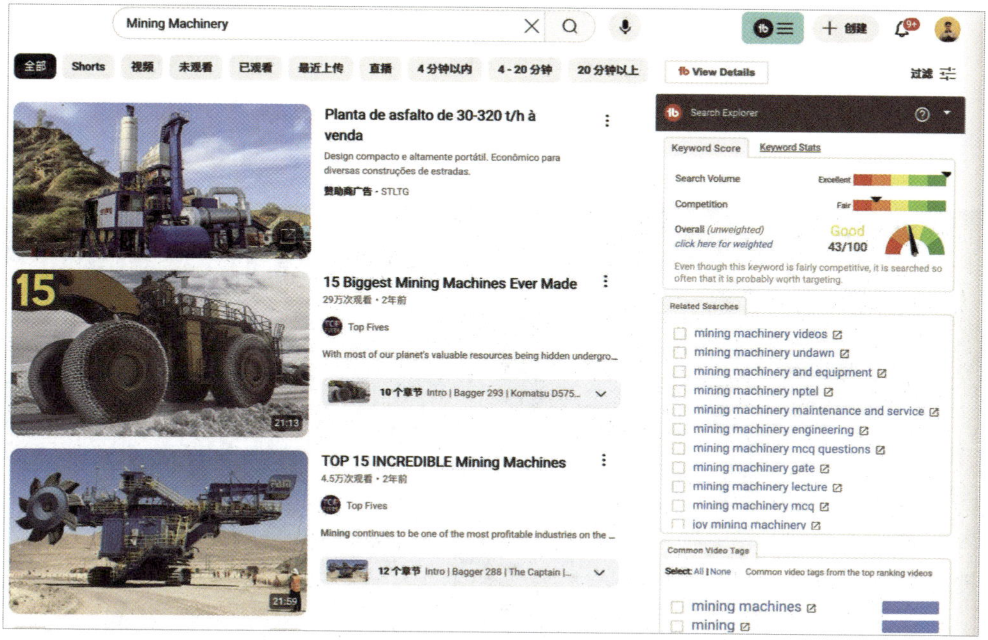

图 5.6

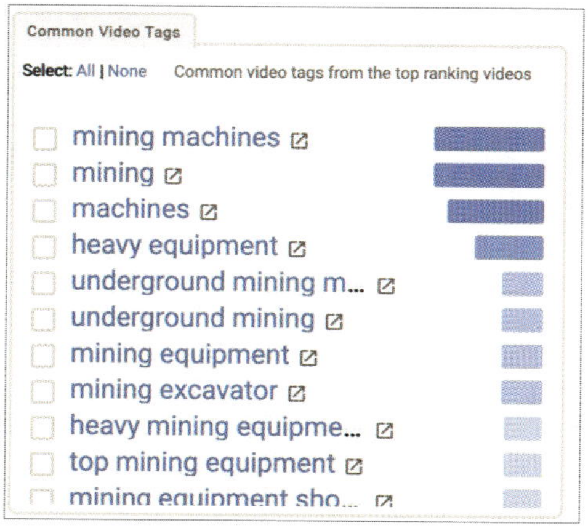

图 5.7

一条视频能不能持续获得自然流量，最重要的就是关键词和话题标签的获取，接下来我做一个完整演示。首先在 ChatGPT 中输入“根据‘YouTube 视频’，帮我拓展 10 个热门关键词，只要关键词内容”。图 5.8 就是给出的结果，我认为这些关键词很符合我的行业特点，都是我教学过程中涉及的内容。

图 5.8

接下来我将根据自己的经验筛选合适的关键词。为便于演示，我选取“YouTube 视频下载”和“YouTube 视频剪辑”这两个关键词进行示范，因为这两个关键词与我的内容高度契合，适合作为创作主题。

然后，使用 TubeBuddy 验证这两个关键词的热度情况，通过多项指标评估其适用性。这个验证环节至关重要，绝不能省略。打开 YouTube 首页，在右上角可以看到 tb 图标，点击后会弹出操作窗口，选择“Keyword Explorer”并点击进入（见图 5.9）。

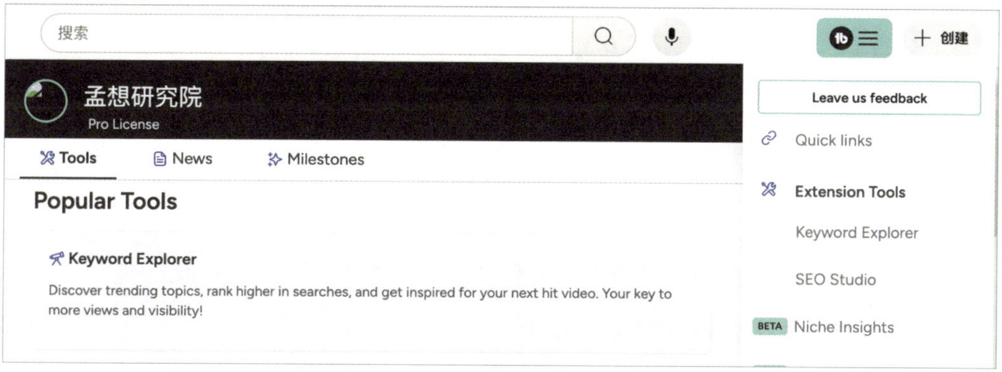

图 5.9

输入关键词后即可获取相关数据（见图 5.10）。可以清楚地看到，关键词“YouTube 视频下载”评分为 100 分（Excellent），关键词“YouTube 视频剪辑”评分为 74 分（Very Good）。

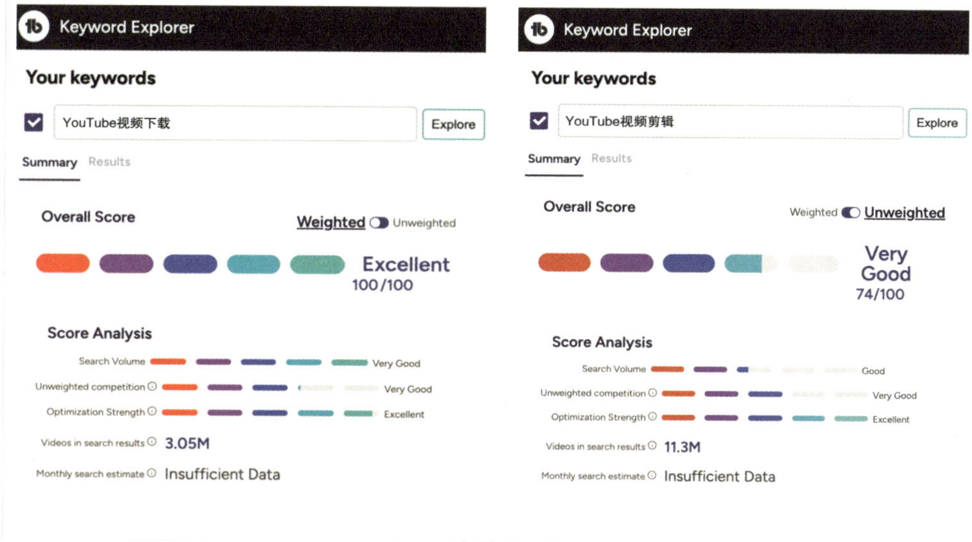

图 5.10

从图 5.10 中可以看到，每个关键词都有三个评分指标：搜索量（Search Volume）、未加权竞争力（Unweighted Competition）和优化强度（Optimization Strength）。最终得分是这三个指标的综合评估结果。需要注意的是，搜索量大并不一定就是最佳选择，因为搜索量越大通常竞争也越激烈。当然，竞争力大小还与自身频道的权重有关。优化强度指标特别重要，特别是对新频道而言——如果你的频道竞争力较弱但关键词搜索量很大，优化强度就能提示你这个关键词是否值得投入精力。

可能这些概念听起来有些复杂，前期不好理解也没关系，我们主要关注最终评分即可。那么评分多少才算高呢？这并没有统一标准，不同行业、不同关键词的情况各不相同。最好的方法是：先收集本行业相关关键词，然后根据评分高低进行排序，在可选范围内选择评分相对较高的关键词即可。因此这里的评分没有绝对标准，只有相对参考价值。

我们把统计好的关键词制作成以下表格，方便后续选取，这里按照高分原则排列，见表 5.1。

表 5.1

热门关键词	
关键词	评分
YouTube 视频下载	100
YouTube 视频变现	80
YouTube 视频剪辑	74
……	

总结来说，我们可以利用 ChatGPT 拓展行业相关关键词，再通过 TubeBuddy 分析关键词数据和热度，最后用表格整理出来，这样就能建立一个符合 YouTube 搜索热度的关键词数据库。

有了关键词数据库后，接下来的关键是要研究这些关键词背后的用户需求。这个环节绝对不能省略，因为每个关键词都代表着用户的真实需求，而这些需求又折射出用户画像。只有深入挖掘这些信息，才能真正了解你的目标用户，从而创作出能打动他们的内容，获得更高的点击率和订阅量。

我发现大多数视频创作者往往忽略了这一点——这里说的内容不是指你的产品信息或专业内容，而是指如何用恰当的表达方式真正触动用户，引发他们认同、互动、订阅和评论，最终因为你的内容而完成转化。这个过程需要投入时间，需要用心研究你的用户画像和客户画像。

这里我有一些经验要分享给大家。作为业务高手，我们服务过的客户越多，就越能把握客户心理，这是我们的专业优势——否则我们怎么能成功“拿”下客户呢？这说明我们的表达本身就具备说服力。现在只需要转换形式，把对客户讲解的内容转化为视频脚本，制作成视频发布，通过运营获得流量并将用户转化为客户。关键是要在制作视频脚本前就深入思考：如何挖掘客户痛点、制造需求焦虑，再提出解决方案并推销产品。这个过程必须前置，在脚本创作阶段就要认真规划。

第二种方法是通过 ChatGPT 让 AI 帮助整理用户画像。这个工具确实非常好用，建议大家尝试一下。自从有了 AI 工具后，就像多了一个得力助手，很多时候它总结的内容比我更全面、更有价值。而我要做的，就是对这些内容进行筛选和优化。

表 5.2 就是 ChatGPT 为我整理的一份用户画像分析表。

表 5.2

用户画像与核心动机分析	
用户画像	核心动机分析
普通用户	想保存搞笑片段、MV、短片，离线观看更方便
学生 / 上班族	下载教程、公开课、讲座等学习资料，便于反复观看
自媒体创作者	下载热门视频进行二次剪辑、素材整理、混剪创作
海外营销人员	想转发产品介绍视频到微信、抖音等本地平台推广
多语种字幕用户	下载视频并提取字幕，翻译成其他语言或用于听力练习
音频提取用户	只需音乐、讲解音频，下载后转为 MP3 格式保存
插件 / 工具爱好者	探索各种下载工具、Chrome 插件，追求效率与工具体验
网络信号不稳定人群	网络差或需出行时离线观看，提前下载资料保证流畅播放
内容备份用户	想将喜欢的视频永久保存，避免内容下架或无法再找到
工具类博主	自己也做教学内容，需要下载视频素材来演示或拆解分析

可以看到 ChatGPT 整理的内容超出了我的认知范围，这一点非常好，因为我们常常会有认知局限。在内容丰富度方面，ChatGPT 确实很有价值，但从结果来看，内容垂直度还稍有不足。

当然这不是它的能力问题，而是因为我们输入的行业资料太少。接下来我们可以持续训练它，输入更多行业资料和信息，这样垂直度就会越来越好。这里我就不演示如何输入自己的经验资料了，我将演示如何结合 TubeBuddy 来导入数据。

当我在 YouTube 搜索关键词“YouTube 视频下载”时，由于安装了 TubeBuddy 插件，在右侧可以看到“Common Video Tags”栏目（见图 5.11）。这个栏目展示的是本次搜索结果中所有视频使用的话题标签，按出现频率排序呈现。可以看到“YouTube”“视频下载”“download”“ai”等相关主题标签。通过这些标签，我们基本可以判断搜索这个关键词的用户群体主要关注哪些内容主题了。

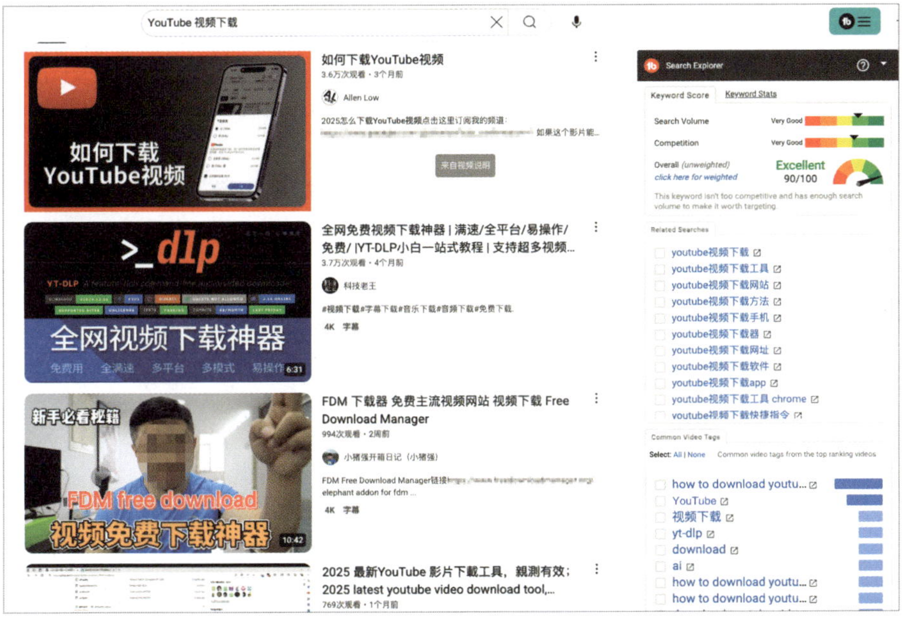

图 5.11

然后我们将这些热门主题标签输入到 ChatGPT 中进行训练，让它为我们提供更详细的分析资料。当用户在 YouTube 上搜索“YouTube 视频下载”并关联“视频下载”“download”“ai”等标签时，这些搜索行为背后实际上反映了多样化的用户动机和深层次需求。

首先，有一部分用户出于保存视频的单纯需求，比如想要收藏喜欢的 MV、教学视频或解说类内容。他们担心视频可能被下架或日后难以查找，因此希望将视频下载到本地永久保存，方便离线观看。这类用户特别注重工具的易用性和视频质量，尤其青睐“一键操作、无水印、高清画质”的解决方案。

其次，大量用户实际上是内容创作者或自媒体从业者，他们搜索“视频下载”不仅是为了保存内容，更是为了进行二次创作或混剪制作，这包括短视频剪辑、配音解说、混剪合集等内容形式。相关关键词如“ai”则表明，这些用户希望将下载的视频作为创作素材，通过后期加工实现内容变现。除了下载效率，他们还关注素材的合法使用范围、平台版权政策等关键问题。

还有一些用户是工具探索者或技术控，比如关注“ai”关键词的人，他们可能正在寻找支持 AI 自动化处理的下载工具。这类用户更注重工具的兼容性、安全性，以及是否支持字幕提取、音频分离等进阶功能。

总结来说，搜索“YouTube 视频下载”的用户不再只是被动的观看者，他们是内容的剪辑者、学习者或变现者。他们的核心诉求包括：高效下载、画质清晰、平台兼容、安全合法、易于再创作和可用于变现。掌握这些动机，有助于我们精准制作相关内容，满足不同类型受众的真实需求。

以上就是通过数据分析得出的用户潜在需求，这些数据比我们想象的更符合实际情况，因为这是基于实时用户行为得出的真实结果，而非主观臆测。当我们获取到这些真实的用户需求后，需要思考：这些需求与你的产品是否存在必然联系？你的产品能否满足这些需求？在这个过程中，你既可以根据自身经验进行判断，也可以借助 ChatGPT 来完成这项工作。

通过与 ChatGPT 多轮沟通，它终于明白了我的想法和意图，提供了一些 YouTube 视频主题，这里既包含了关键词“YouTube 视频下载”，还包含了用户的搜索意图，案例如下。

- “YouTube 视频下载简易指南：探索更多赚钱运营技巧。”
- “一站式解决 YouTube 视频下载：拓宽你的运营技能。”
- “视频下载技巧全解析，开启 YouTube 盈利之路。”
- “精通 YouTube 视频下载：掌握全面运营技能。”
- “掌握视频下载，扩展 YouTube 赚钱技能。”
- “专注视频下载，揭秘 YouTube 全面运营策略。”

总结来说，与 ChatGPT 对话最大的挑战在于如何让它准确理解你的需求。如果你已经熟练使用，可以直接给出详细的需求说明，或者你也可以通过输入大量行业数据，帮助它更好地理解你的业务定位。如果以上方法都不适用，你还可以通过不断提供新需求和修正反馈来持续优化，最终它一定能给出你想要的结果——这正是 ChatGPT 最强大的学习能力所在。

通过关键词获取和分析，我们已经明确了视频主题和定位，接下来就要进入执行阶段。需要强调的是，一条视频能否成功获得流量并实现客户转化，这个前期准备环节至关重要且不可省略。

5.2 文案和脚本

一条视频是否有灵魂，最重要的就是文案质量。但是很多人分不清楚文案和脚本的区别，容易混淆。其实很容易理解：文案就是我们的想法，比如"我想让电梯从 1 楼升到 3 楼"。那应该如何实现呢？需要给电梯程序编程，而编程就可以理解为"脚本"，即具体实施方案。

同样的道理，如果我想通过一条视频解决一个具体问题："如何下载 YouTube 视频"，那么文案就是：我要制作一条视频，专门讲解这件事，告诉用户如何快速、简单地完成下载，同时将这条视频发布在 YouTube 平台，顺便获取一波精准流量。

明白了吗？"我想解决什么问题，用什么方式来解决，并希望达成什么效果”——这就是完整的文案逻辑。

有了中心思想后，接下来你就可以发挥自己的优势，把内容做得既专业又有价值，同时带着明确的目的性——既能解决问题，又能获取流量，甚至还能引导用户填写表单或导入私域池。

脚本是具体的执行方案。表 5.3 展示了“YouTube 视频下载”视频的脚本步骤，通过这个示意表，读者可以快速掌握脚本的创作要点。

表 5.3 是这条视频的脚本制作方法，但对于一个真正的 YouTube 账号运营者来说，要做的事情远不止这么简单。视频文案和脚本的策划远比表面上看起来复杂得多，不仅要确保内容本身有价值、够吸引人，还要兼顾流量获取与转化效果这两个关键目标。

表 5.3

<table>
<tr><th>大纲</th><th>详细描述</th><th>旁白解说词</th></tr>
<tr><td>自我介绍</td><td>
人物解说中景固定机位[1]</td><td>教大家一种方法，无须安装插件，无须付费就可以一键下载 YouTube 视频，并且是高清的。你想知道如何下载吗？接下来我将手把手教大家。</td></tr>
<tr><td rowspan="3">实操环节</td><td>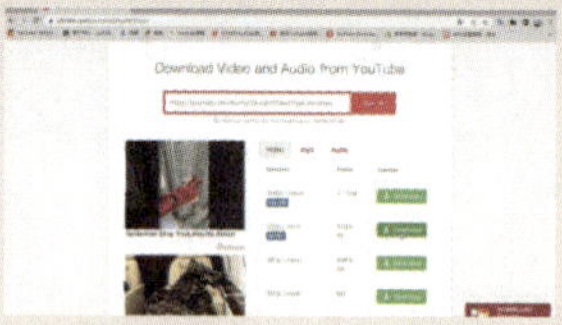

电脑录屏实际操作过程</td><td rowspan="3">（这里边操作边解说）</td></tr>
<tr><td>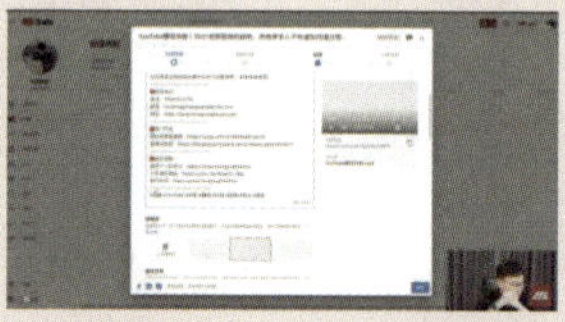
人物出镜 + 电脑录屏实操</td></tr>
<tr><td>
电脑录屏实际操作过程</td></tr>
<tr><td>总结营销</td><td>

人物解说 + 图片素材</td><td>那么赶紧实操一下吧，希望这个教程能帮助到你。我这里有更全面的 YouTube 运营干货教程，感兴趣可以点击下方链接，免费领取 YouTube 运营秘籍，我们下期再见。拜拜！</td></tr>
</table>

1　中景指的是在拍摄的时候突出人物与动作（如从腰部以上取景）。固定机位指的是摄像机不移动，始终保持在一个位置拍摄，画面稳定、操作简单，适合教学类或访谈类内容。

在实际运营中，YouTube 创作者需要准备以下七个要素的文案，每一类都各有侧重点。

（1）核心关键词。这是视频的流量入口，是你希望用户通过搜索找到你视频的关键词，例如“YouTube 视频下载”“怎么赚美元”等，这些关键词必须精准、明确，并具备搜索热度。

（2）视频标题，直接影响点击率，既要做好关键词优化又要有吸引力，让人看完标题就想点击观看。

（3）视频说明，这是对视频内容的详细介绍，要同时满足关键词优化和提供额外信息的功能。

（4）视频缩略图文案，用一句话或几个关键词吸引用户点击，相当于“视觉钩子”，必须简短、精准、有冲击力。

（5）视频脚本，这是整个内容的核心框架，决定了视频讲什么、怎么讲，以及如何逐步引导用户完成观看甚至实现转化。

（6）关键词标签。关键词标签是 YouTube 后台用于识别视频主题的依据之一。除了核心关键词，还要添加相关词、近义词、行业术语等，以提升系统对视频的理解和推荐匹配度。

（7）话题标签。这些以“#”开头的标签，常用于抓取热门话题、关联趋势内容，还能强化视频在特定话题分类下的曝光机会，如“#ai 视频工具”“# 出海流量”。

基于以上内容，我特别绘制了一张示意图，帮助大家更直观地了解发布 YouTube 视频需要准备的所有资料（见图 5.12）。

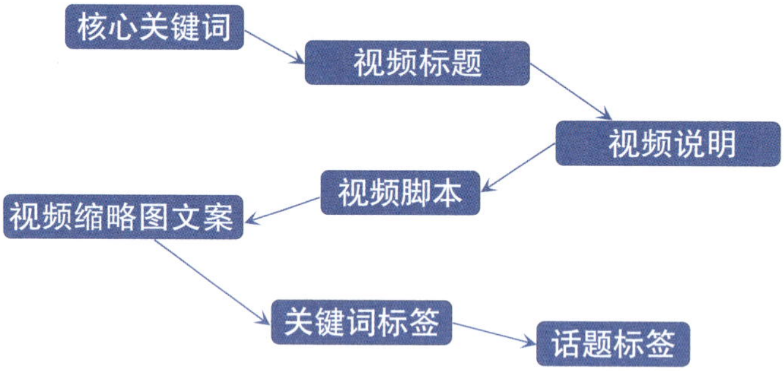

图 5.12

接下来我们来实践。我制作了一个“YouTube 视频制作标准流程表”（见表 5.4），读者可以通过填空的方式，完善自己的内容。

表 5.4

YouTube 视频制作标准流程表	
要素	示例
关键词	YouTube 视频下载
视频标题	YouTube 视频下载 | 秒下载，超清 4K 视频，无需插件，苹果安卓电脑均可下载 | 最新教程
视频说明	怎样快速下载 YouTube 视频呢？在这里，你不用下载软件，也不用安装插件，更不用输入什么网址，保证你看过会过目不忘，并且可以极速下载视频，最高支持 1080P 格式。还等什么，让我们马上开始吧！

续表

YouTube 视频制作标准流程表	
要素	示例
视频脚本	嘿！朋友！告诉你一个秘密：怎样快速下载 YouTube 视频呢。 在这里，你不用下载软件，也不用安装插件，更不用输入什么网址，保证你看过会过目不忘，并且可以极速下载视频，最高支持 1080P 格式。还等什么，让我们马上开始吧！ 另外，我总结了一份 YouTube 后台操作教程，如果你感兴趣，我会在节目最后告诉你免费领取方法。 好的，让我们来找一条视频给大家做演示。 （录屏演示内容） 这就是本期视频的全部内容了，如果这条视频对你有帮助，欢迎点赞收藏。你在操作中有任何不明白的问题，欢迎在下方留言，我会在第一时间回复你的评论。 下期我将针对苹果手机如何下载 YouTube 视频给大家做讲解。赶快订阅一下。 我把 YouTube 后台操作教程放到详情页里了，只需点击详情页的链接即可下载获取。 我们下期再见。拜拜！
视频缩略图文案	图案：下载图标，下载视频平台界面图片、高清视频素材截图 文案：4K 下载
关键词标签	YouTube download，YouTube 视频下载，如何下载 YouTube 视频，下载油管视频，油管保存，在线下载 YouTube，YouTube 离线观看，视频解析，下载神器，免费下载工具
话题标签	#YouTube 下载　# 视频下载教程　# 油管教学　# 自媒体干货　# 实用技巧　# 搬运变现　# 工具推荐

5.3 根据脚本制作视频

本章的重点是帮助读者理解内容策划的流程与逻辑，因此关于具体的视频拍摄与剪辑流程，我们不再展开介绍。由于视频拍摄设备、剪辑软件、画面构图、配音配乐等技术操作较为复杂，且图文形式难以完整呈现，建议读者在实际制作时，再系统学习相关课程或工具操作指南。

本节直接提供一张制作示例的最终效果图（见图 5.13）供参考。读者可以对照自己的脚本结构，思考画面设计、语音节奏与内容呈现的协调关系。视频制作虽然没有固定模板，但脚本的精准度将直接影响最终视频的制作效率与成品质量。可以扫描下方二维码（见图 5.14）观看视频成品。

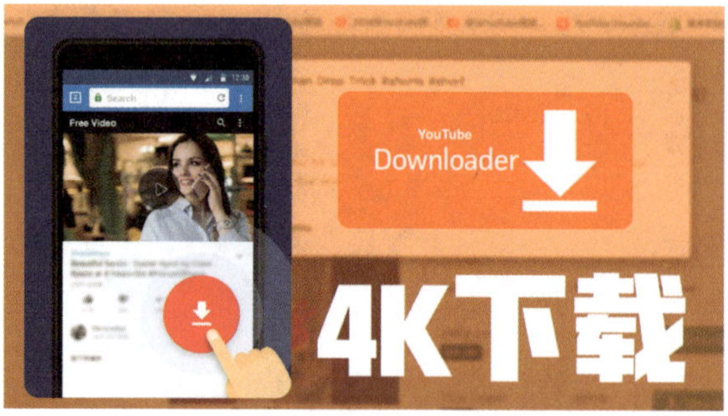

图 5.13

图 5.14

5.4　视频发布核心操作

视频制作完成后就可以发布了。接下来，我将通过实际操作，详细演示视频发布的基本步骤，大家可以参考这个方法发布自己的视频。

这里我想再次强调一个关键点：在发布视频之前，一定要提前准备好完整的视频文案。虽然不同视频主题需要的文案内容各有区别，比如上一节我用“YouTube 视频下载”为例，展示过一套完整文案结构，但其核心流程是完全一致的。

我们可以通过 YouTube 视频制作标准流程表，快速完成视频缩略图文案、视频标题、视频说明等要素的准备，看似复杂的流程，其实可以变得非常简单高效。

为了进一步演示这个方法的通用性，接下来我将以另一个关键词“YouTube 合作伙伴计划”为例，生成一套脚本及视频制作流程，见表 5.5，并带大家完整走一遍发布流程。

表 5.5

YouTube 视频制作标准流程表	
要素	示例
关键词	YouTube 合作伙伴计划
视频标题	中国创作者必看！YouTube 合作伙伴计划中国全流程解析 | 如何加入并成功变现？

续表

YouTube 视频制作标准流程表	
要素	示例
视频说明	本期视频将为中国的创作者详细讲解如何加入 YouTube 合作伙伴计划，从满足条件、申请流程，到税务表格填写、AdSense 账户设置、PIN 码验证、收益提现等关键步骤全覆盖。不管你是新手还是准备变现的老手，这条视频都能帮你顺利开启 YouTube 赚钱之路！
视频脚本	大家好，我是孟想老师，很多同学问："我人在中国，YouTube 的收益权限能开吗？钱怎么收？" 今天这条视频，一次讲清楚"YouTube 收益开通 + 收款"的全流程，避坑不走弯路！ 第一步：满足创收条件，想开收益权限，先搞定两个条件。订阅量满 1000 人，最近 12 个月观看时长 4000 小时，或者短视频播放量达到 1000 万次。满足后，后台就会显示"可以申请创收"。 第二步：申请 YouTube Partner Program（YPP）。 按照提示一步步申请，登录你的 Google 账号，勾选已读条款。 第三步：注册 AdSense 账户，这一步最关键！地区选择"中国"，名字必须与银行卡户主一致（别乱写！）。邮寄地址要准确，后面要收 PIN 码！ 第四步：填写美国税务表格（W-8BEN）。不要慌，我们不是美国人，选"非美国个人"，国籍选"China"，名字填中文拼音即可。推荐选择申请美国税收协定（China-US 税收协定），这样平台在扣税时，只扣 10%（不然默认扣 30%）。 第五步：等待 PIN 码验证，Google 会给你寄 6 位 PIN 码，用来验证地址，大约 2 ~ 4 周能收到，别着急，记得查收。没有收到也可以重新申请，最多三次。 只要你认真按流程操作，在中国也能正常开收益权限、收款到账！ 觉得实用，点个赞鼓励下；想了解 PIN 码、税务表格怎么一步步填写，评论区打"收益"两个字，我会给出详细图文教程！
缩略图文案	图案：真人出镜、PIN 码单据、YouTube 图标 文案：YouTube 合作伙伴计划中国收款

续表

YouTube 视频制作标准流程表	
要素	示例
关键词标签	YouTube 合作伙伴计划中国，YouTube 合作伙伴计划，YouTube 合作伙伴，合作伙伴计划，YouTube 变现，YouTube 创收计划，YouTube 赚钱，中国 YouTuber，国内怎么做 YouTube，YouTube 收益提现，YouTube 税务表格，YouTube PIN 码，YouTube Adsense，YouTube 收入，YouTube 赚钱流程
话题标签	#YouTube 合作伙伴计划 #YouTube 变现 # 中国 YouTuber #YouTube 赚钱 #YouTube 创作者 #YouTube 收入 #Adsense 提现 # 国内 YouTube 创作

当以上准备工作全部完成后，就可以正式开始制作视频了。最终会生成三个文件：缩略图文件、视频成品文件和字幕文件（见图 5.15）。待这三个文件都制作并导出后，就可以按照下面的步骤开始发布视频了。

图 5.15

（1）用浏览器打开 YouTube 官网，依次点击“创建”→“上传视频”（见图 5.16）。

图 5.16

（2）按照步骤依次填写标题栏、说明栏，并上传缩略图文件（见图 5.17）。

图 5.17

（3）将页面下拉到中部，填写关键词标签“YouTube 合作伙伴计划中国”（见图 5.18）。

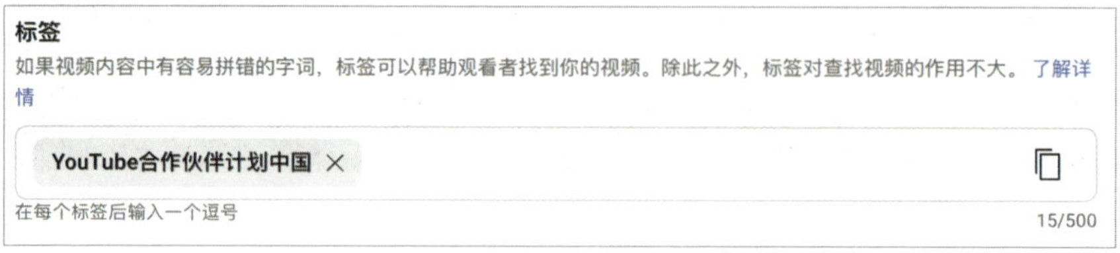

图 5.18

这些只是核心关键词，可以看到标签栏能容纳 500 个字符。填不满没关系，我们先填写核心关键词，后续再回来补充更多内容。现在继续下一步操作。

（4）在“添加字幕”一栏，点击“添加”，将已经准备好的 srt 文件按照指引上传（见图 5.19）。

（5）依次选择：“上传文件”→“包含时间”→“继续”，找到“YouTube 合作伙伴计划中国 .srt”文件，然后点击“打开”，即可完成上传，此时可以看到已匹配好的字幕（见图 5.20）。

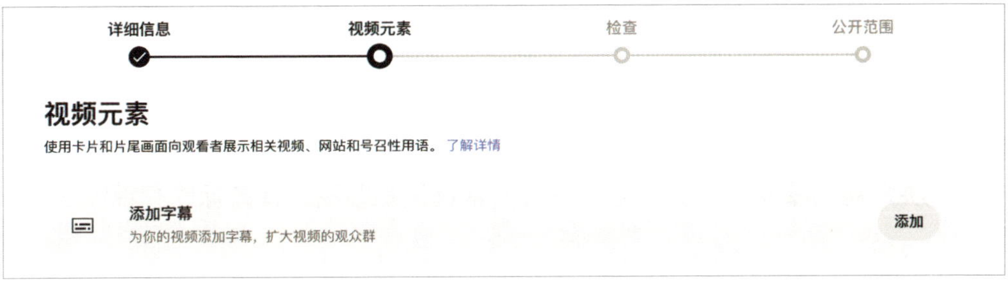

图 5.19

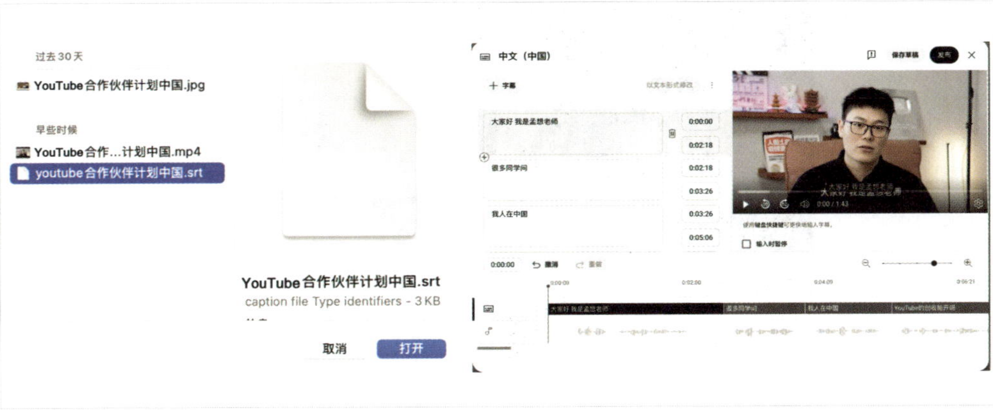

图 5.20

字幕匹配完成后就可以直接发布了。等待几秒钟后，我们可以去 YouTube 前台搜索设定的核心关键词，查看视频排名情况。可以看到，当我在无痕模式下搜索“YouTube 合作伙伴计划中国”这个关键词时，视频已经自然排名第二（见图 5.21）。这说明 YouTube 的更新频率比我们想象的要快，仅仅 55 秒就被收录了。

这里需要说明平台的推荐规则：YouTube 对新发布的视频提供 48 小时流量扶持，只要满足 YouTube SEO 的六项匹配要求（见图 5.22），系统就会识别你的视频主题并给予排名支持。这对新视频和新用户非常友好，因此只要做好以上六点，视频的第一波曝光量就有保障了。但要注意，如果只有曝光量没有点击量，同样无法获得流量。所以视频发布后的 48 小时内，必须持续关注视频流量走势。决定视频曝光量和点击量的关键因素就是缩略图、视频标题和视频说明。

图 5.21

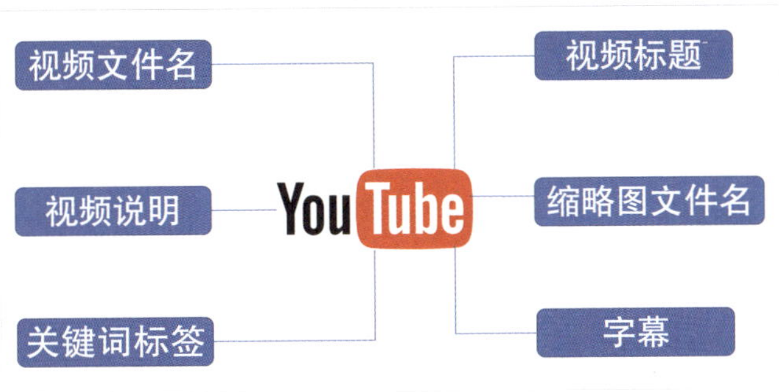

图 5.22

在 Google 首页搜索同样的关键词“YouTube合作伙伴计划中国”，可以在首页视频栏中看到我的这条视频排名（见图 5.23）。不过需要说明的是，Google 收录速度并不快，这条视频是在发布一个月后才被收录的。但请记住，只要内容优质且关键词布局得当，视频是一定能够上榜的。

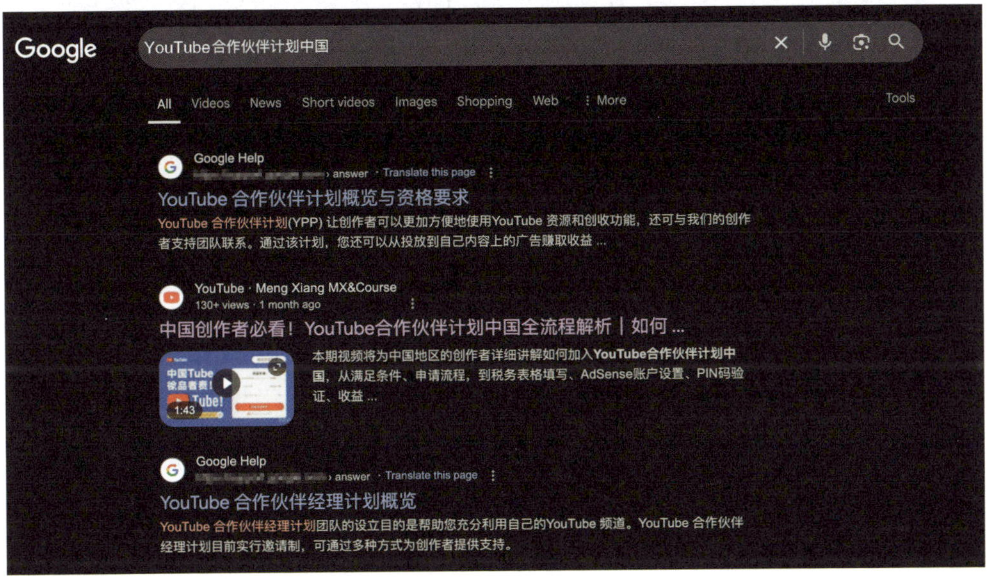

图 5.23

5.5 数据复盘与优化

视频发布完成后，最重要的任务不是等待流量，而是分析数据，并根据数据反馈进行后续优化。接下来我将带大家查看这条视频发布 4 天后的数据表现（见图 5.24），帮助大家更好地进行分析。

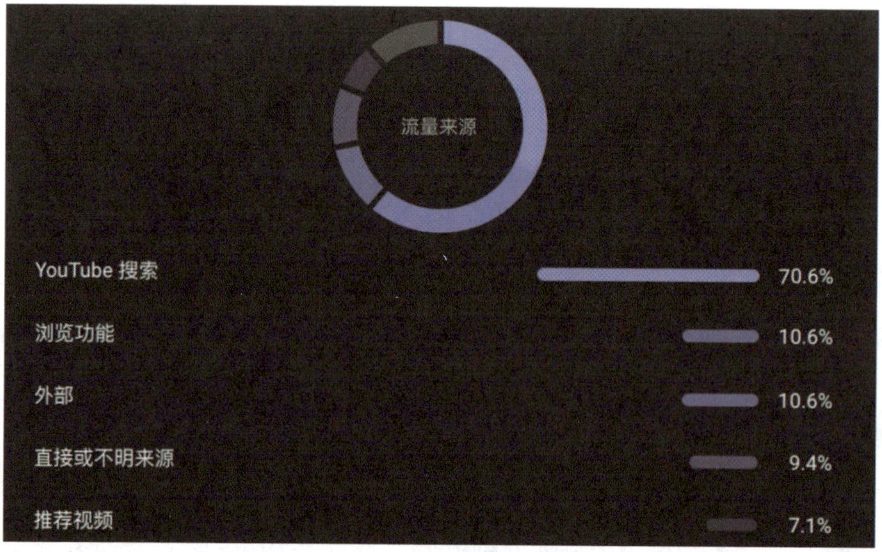

图 5.24

“YouTube 搜索”占比 70.6%，至少说明关键词选取是正确的，因为关键词确实帮我们带来了流量，如果今后想获取搜索流量，就一定要关注 YouTube 平台上的搜索流量占比。

图 5.25 展示的是一个成功获取搜索流量的视频数据案例。该

视频总观看次数达 5.8 万，带来 558 个新增订阅人数，48 小时内“YouTube 搜索”流量占比高达 84.5%。

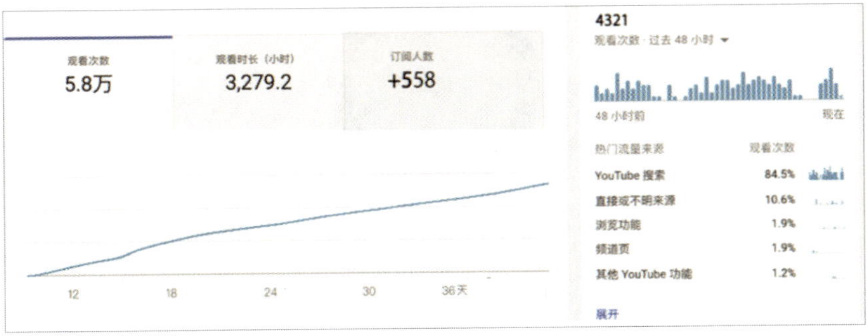

图 5.25

观察图 5.26，在该条视频的流量来源占比中，“YouTube 搜索”占 53.2%，外部流量占 34%（主要来自 Google 搜索），两者合计占总流量来源的 87.2%。

必须认识到搜索流量的价值远高于其他流量类型，因为它能为我们带来持续稳定的流量。对于一条视频，如果获得的搜索流量占比低于其他流量类型，通常存在以下原因：选择的关键词热度不足、关键词没有在 Google 或 YouTube 上获得排名、视频内容与关键词匹配度不高、视频质量有待提升。这些潜在问题都需要我们逐一排查解决。

关于关键词热度不足的问题，这种情况十分常见。并非我们选择的所有关键词都具备足够热度。在实际运营中，我们遵循二八法则——大约发布十条包含不同关键词的视频中，能有两条获得可观流量，就可以视为成功。

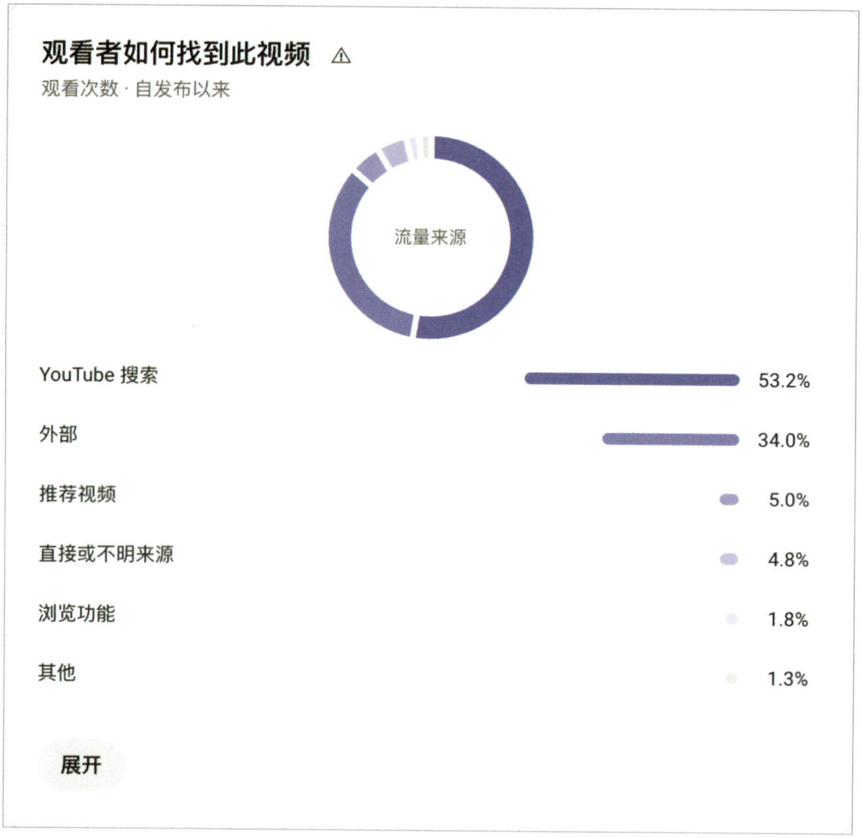

图 5.26

若关键词没有在 Google 或 YouTube 上获得排名呢？原因可能是关键词热度过高、竞争太激烈——其他视频已积累足够数据排名靠前，而我们的新视频权重尚不足，难以获得好排名。解决方法是将视频分享给目标用户观看，引导他们深度观看并积极互动。千万别小看这个策略，它对视频“成长”至关重要。

视频内容与关键词匹配度不高的问题比较常见。很多读者并没有遵循我之前强调的发布流程——先确定关键词再制作内容，而是先发布视频，后期才补充标题和关键词。在这种情况下，内容与关键词的匹配度自然难以保证。正确的做法应该是：先研究热门关键词，基于这些关键词规划完整的文案和脚本。因此，务必按照标准流程来运营你的 YouTube 频道。

关于视频质量，要知道视频最终是给用户看的，每一个用户都是活生生的人，我们绝不能欺骗他们。要认真对待制作的每一条视频，因为我们投入的心血，用户必定能够感受到。请将每一条视频都当作自己的代表作来精心创作。

可能很多读者已经感受到了压力——如果每条视频都要如此耗费心血制作，确实吃不消。但需要说明的是，不需要大量发布想要获取搜索流量的视频。关键在于：找到高热度关键词，精心创作内容，严格遵循本书介绍的 YouTube SEO 六项匹配标准来发布视频。这样，搜索流量就会逐步积累。随着观看用户增多、点击率提升，视频排名自然就会提高。只要打磨好一条优质视频，它就能持续带来精准流量和客户询盘，甚至能为业务带来源源不断的长期引流效果。

我们在 2014 年优化过的一条机械类视频，其核心关键词历经 10 余年至今仍保持在 YouTube 和 Google 首页的靠前排名位置，每月持续带来精准的客户询盘和实际订单。这样的长期投入产出比，确实值得每位运营人员认真对待。

因此，YouTube 上的搜索流量是整个视频运营体系中最具长期价值的流量类型。它既不像广告流量需要持续投入，也不像推荐流量波动剧烈，而是一次性投入就能长期获益。从关键词筛选验证、文案脚本策划、视频内容制作、SEO 优化上传到发布后的数据分析与策略优化——每个环节都至关重要，缺一不可。

只要严格遵循标准流程，持续提升内容质量，单条视频就有可能为你带来持续稳定的精准流量与优质询盘，甚至保持十年如一日的排名稳定性，实现长期转化。这正是搜索流量的独特价值所在。也正因如此，它值得我们投入时间精力反复打磨、深度优化。

第 6 章

Shorts 流量密码

在当今信息爆炸的时代，YouTube Shorts 板块已成为获取流量的新战场。特别是对于做产品、开工厂、从事外贸制造的商家而言，短视频传播是让全球用户“秒懂”你的最佳推广方式。本章我将通过四类高效脚本结构和实拍案例，教会读者如何快速打造爆款短视频。

6.1 Shorts 的流量逻辑

在第 2 章我们已经讲解过 Shorts 的流量推荐机制。Shorts 最大的特点是流量主动权掌握在平台手中，理论上平台可以控制流量导向。平台想让用户看到你的视频，而只要用户点击视频停留几秒就算一次播放，这与长视频不同——即使平台给予曝光，若用户不点击也不会产生流量。这两种形式各有优缺点，只要掌握得当，就能取得事半功倍的效果。

完播率是重点，Shorts 最看重的指标就是完播率。例如我们发布的视频是 60 秒时长，如果想获得系统推荐，就要保证用户 100% 看完视频内容，这对大多数运营者来说难度较大。我的建议是：既然 60 秒的完播率有难度，不如将短视频控制在 15 秒以内。15 秒的视频要达到 100% 完播率应该难度不大，只要内容稍加用心创作就能实现。所以要学会做减法。

在短视频创作中，前三秒的重要性无与伦比。这不仅是平台推荐机制的判断起点，更是用户决定“继续观看”还是“划走”的关键瞬间。

为什么强调前三秒？因为 YouTube Shorts、TikTok 等短视频平台的用户通常处于“无意识刷视频”的状态，他们不会主动搜索内容，而是被动接收平台推送。在这种场景下，用户的注意力转瞬即逝，如果前三秒没能成功“钩住”用户，视频几乎会立即被划走。

YouTube Shorts 是什么样的推荐机制呢？正如刚才介绍的，首要评估指标便是完播率。而这个核心指标的表现在很大程度上是由开头三秒决定的。如果用户连前三秒都看不完，视频自然不会有较高的完播率，也不会获得更高权重的推荐量。

为了提升视频在这关键三秒的吸引力，我们必须把握以下三个要点。

（1）强冲击画面：画面需具备视觉冲击力或情绪感染力。

（2）制造悬念或反差：用一句话抛出疑问，激发用户好奇心。

（3）开始即高潮：避免冗长铺垫，做到“开场即爆点”。

短视频的吸引力构建不是从 0 秒开始逐步展开的，而是必须在前三秒内完成。这是平台给予创作者唯一的“上场机会”，若错过这三秒，就意味着“用户根本不会给内容继续展示的机会”。

6.2 Shorts 高流量视频的四种类型

本节我将介绍四种高流量视频类型，并分析它们能够成为爆款的原因，这些方法简单易学，即使新手也能掌握。视频类型具体包括：工厂生产类（视觉刺激型）、产品应用或安装类（动线追踪型）、企业或产品故事类（情感共鸣型）、借助热门内容类（趋势话题型）。

为什么要重点研究这四类高流量视频？除了流量高、数据好，更重要的是它们具备以下几个显著优势。

（1）模板化程度高，结构清晰，容易复制。

这四类视频都具有显著的“结构化”特征，即每种类型都有明确的拍摄逻辑、内容节奏和镜头设计。你只需要套用相同结构，替换成自己的产品或场景，就能快速制作出专业且吸引人的视频，这大大降低了新手的操作难度。

（2）内容真实可信，天然匹配 YouTube 平台的偏好。

YouTube Shorts 与其他短视频平台不同，它不鼓励“过度娱乐化”的内容，而是更偏好真实、有信息价值的短视频。我选择的这四类视频恰恰都具备“真实性”“专业性”等特点，既符合平台推荐逻辑，又能在吸引用户的同时建立品牌信任度。

（3）不依赖颜值和演技，普通人就能完成拍摄。

相比需要出镜讲段子或剧情的视频类型，这些结构化短视频更适合普通创业者、工厂主和品牌商来拍摄。他们既不需要亲自出镜，也不必聘请模特或演员，只要聚焦产品本身或展示制作过程，配合基本的镜头运用，就能完成视频制作。

（4）更容易持续生产，长期可规模化。

这四类视频具备极强的内容可迭代性。举例来说，如果你经营五金加工厂，可以通过工厂生产类视频讲解几十种产品的不同打磨工序；如果你是门窗品牌商，可以通过产品应用或安装类视频记录为多个客户现场安装的过程。这意味着我们一旦掌握这类视频结构，就能持续复制、更新和扩展，实现长期稳定的内容输出。

（5）可以同时兼顾引流、转化与品牌曝光。

很多人做短视频只关注流量，却忽略了最终成交。这四类视频在策划阶段就已平衡了“流量吸引”与“产品植入”的关系。比如，产品应用或安装类视频既有视觉冲击力，又能自然展示产品特性；企业或产品故事类视频既能引发情感共鸣，又能提升品牌形象。这能让我们在不硬性推销产品的情况下实现软性推广，达成“看完即咨询”的营销闭环。

正是基于这些优势，我建议想做 YouTube 短视频营销的读者优先入局这四类视频。这不仅是最高效的运营策略，还是最稳健、最具持续发展潜力的长期方案。

1. 工厂生产类（视觉刺激型）

首先，扫描二维码（见图 6.1）观看来自“Ranking drilling tools”频道的短视频。

这条视频仅有 25 秒时长，却获得了 800 万次播放量，全程仅用手机拍摄，记录的不过是产品生产过程中的一个小环节。说实话，对大多数生产企业而言，这样的场景简直再普通不过了——随手就能拍摄，无须专业设备，没有复杂运镜，甚至连后期制作都省去了。那为什么能火爆呢？关键亮点就一个字：真。

图 6.1

第一个亮点：真实场景搭配原声呈现。视频没有添加任何背景音乐，也没有进行后期音效处理，完全保留生产现场的原始声音——液压装置的运转声、机器轰鸣声、工人操作时的金属碰撞声。这些天然的环境音效，恰恰营造出强烈的“身临其境”感。

我的建议是，如果我们没有能力做出电影级的视频效果，不妨直接采用现场原声。这样不仅保证了真实性，还能有效规避音乐版权风险，实现双重收益。

第二个亮点：镜头细节极具代入感。液压油缓慢渗出的瞬间，金属齿轮精准咬合时发出的摩擦声……这些都不是普通画面，而是能带来身心愉悦的节奏体验。用户一旦开始观看就会被深深吸引，完全不舍得划走。我可以肯定地说，大多数人看完第一遍后，必定会忍不住点开看第二遍、第三遍。

第三个亮点：25秒的完美时长控制。你以为用户会意犹未尽？没错！这正是我们想要的效果。视频的精妙之处在于，当用户还沉浸其中、期待更多内容时，视频恰到好处地结束了。那该怎么办？只能选择重新播放。这种设计直接提升了视频完播率和重复播放率，系统识别到这些数据后，自然会给予更多流量曝光。

最后再强调三个关键拍摄要点：第一，确保真实接地气的拍摄环境；第二，呈现富有节奏感和细节美感的画面；第三，将时长控制在25秒以内，保留让人“看不够”的余味。只要把握住这三大要点，视频想不火爆都难。总结如下。

（1）时长控制：25秒左右。

（2）镜头运用：1个特写镜头。

（3）配音配乐：无须配乐，保留真实环境中的声音。

（4）内容重点：展示产品制作或运作细节，突出“机械律动美”。

（5）观看体验：舒服、流畅、有解压感。

这条视频建议反复观看，然后结合自己工厂的实际情况，模仿视频节奏，并改编成适合的脚本，通过持续实践，你也能打造出百万次甚至千万次播放量的爆款视频。

2. 产品应用或安装类（动线追踪型）

扫描下方二维码（见图 6.2）观看来自“NSELED Visual World”频道的一条短视频。

这条视频的精髓在于构建“线性流程”——从初始步骤循序渐进，每个环节紧密衔接，形成完整的操作链条。这种精心设计的“动线逻辑”能够有效吸引用户注意力，使其产生持续观看的心理。

图 6.2

这类视频的最大优势在于制作门槛相对较低，拍摄时仅需记录实际作业场景，无须专业演员或配音解说，镜头运用也较为基础——通过大、中、小场景的有序切换完整呈现安装流程即可。在后期制作方面，重点在于把控节奏，确保镜头转场流畅，视频创作者只需具备基本剪辑技能即可完成作品输出。对于初学者而言，初期可能面临剪辑效率不高的情况，这属于正常现象，这类视频就特别适合新人入门实践。

需要特别指出的是，这类短视频是最易实现规模化产出的内容类型。它不依赖复杂叙事结构，制作逻辑简明易懂。只要确保节奏把控得当、画面整洁、操作步骤清晰，就能在同类内容中形成竞争优势。总结如下。

（1）时长控制：30 秒以内。

（2）镜头运用：大中小多个角度组合[1]。

（3）配音配乐：无须配乐，保留真实环境中的声音。

（4）内容重点：安装步骤清晰、节奏紧凑、场面简洁。

（5）观看体验：强烈的“完成感”和秩序满足感。

3. 企业或产品故事类（情感共鸣型）

扫描下方二维码（见图 6.3）观看来自“帕敢翡翠记”频道

1 所谓大中小多个角度组合，指的是视频拍摄时采用的三种景别——大景别用于展现整体环境，中景别聚焦人物动作或操作过程，小景别则突出关键细节；这种多角度组合拍摄方式能够显著增强画面的层次感和视觉吸引力。

的一条短视频。这条视频就是典型的情感共鸣型视频，虽然拍摄手法普通，画质一般，素材也是日常生活中常见的类型，却能在 YouTube 获得 400 万次播放量，其核心在于创作者出色的叙事能力。

视频采用极具戏剧性的故事设定：一位大叔瞒着妻子抵押房产，花费 150 万元购买原石，切开后却发现是毫无价值的“帝王裂”废料。大叔当场崩溃痛哭的场景，在开场就牢牢抓住了用户注意力。

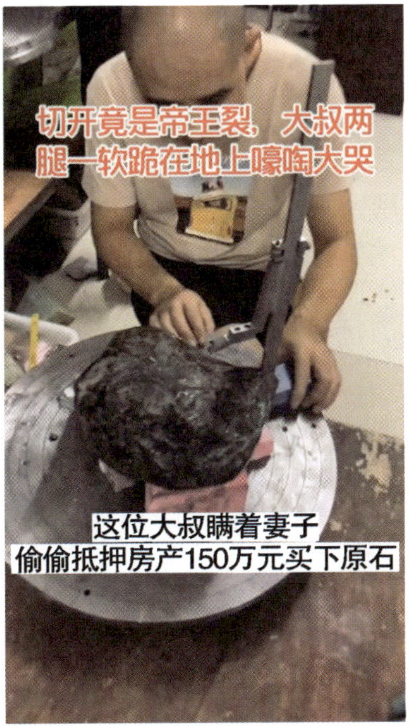

图 6.3

这种夸张的表现手法恰恰符合用户偏好。视频成功的关键不在于产品展示本身，而在于通过人物故事引发强烈情感共鸣。它精准把握了情感共鸣型视频的三大成功要素。

第一，强烈的情绪反差，实现快速代入。用户目睹大叔崩溃的瞬间，会自然联想到背后的家庭矛盾、经济压力等潜在情节，产生深度情感连接。

第二，常见的普通素材，营造真实氛围。视频摒弃复杂剪辑和背景音乐，依靠原始素材的真实感建立用户信任，这种“去精致化”的处理反而缩短了与用户的心理距离。

第三，设置“钩子”，提升完播率。视频控制在 60 秒以内，开场 5 秒直接呈现高潮情节，结尾设置悬念或点睛评论，有效激发二次传播和讨论欲望。

因此，如果想创作企业或产品故事类视频，创作者可以尝试采用“故事叙述 + 情感共鸣”的内容结构。具体操作方法是：选择一个工厂里真实发生的案例，进行适度艺术加工，强化其中的情感冲突点，用“朴素画面 + 字幕 + 语音配合”的方式，让用户第一秒就懂故事，注意时长控制在 60 秒内。保持紧凑的叙事节奏，设置“钩子”和情节转折。只要故事讲得好，哪怕是手机拍摄的素材，用户也愿意看。总结如下。

（1）拍摄方式：手机拍摄，画面真实自然。

（2）内容核心：戏剧性故事设定 + 强烈情绪反差。

（3）观看体验：情感共鸣、代入感强、引发同理心。

（4）时长控制：60 秒以内。

（5）叙事方式：前 5 秒即呈现戏剧冲突，结尾设置“钩子”，引发用户讨论。

（6）声音设计：采用“旁白 + 背景音乐”的方式。

（7）字幕配合：使用夸张字幕，强化剧情冲突。

建议反复观看这条视频，着重分析其内容结构，再结合自身产品特性，创作与品牌风格相符的脚本。掌握这一方法后，我们同样能够制作出具有高传播效果的优质视频。

4. 借助热门内容类（趋势话题型）

扫描以下二维码（见图 6.4）观看视频，该视频来自“Sungold Solar Custom”频道。

我们可以借助时下流行的元素来提升视频的吸引力和完播率。工厂、制造类企业常常存在一个痛点：企业原本有大量真实拍摄的素材，比如流水线运转等，但这些素材如果只是原封不动地上传到平台，往往很难获得理想的播放量和用户关注度。

针对这个问题，我们可以采用一种非常实用的做法：结合 TikTok 或抖音上的热门音乐，对这些素材进行“二次创作”。首先，先去这些平台上观察当前最火的歌曲或 BGM（Background Music，背景音乐），挑选节奏感强、用户熟悉度高的热门音乐，再结合这些音乐的节奏，对原有的素材进行精剪和节奏匹配处理。

图 6.4

举个例子，在我指导的某个项目中，我们将流水线的运转、产品的加工过程，甚至机器臂的动作，都与音乐的节奏点精确地“对齐”，这样的处理让画面中的工业机械器材仿佛在“跳舞”，视频充满了节奏感和生命力。用户听到熟悉的旋律，很容易被吸引，加上画面律动与音乐节奏高度贴合，创造出一种沉浸式的观感体验，自然就提升了完播率。

这种做法表面上看是借助了热门音乐的热度话题，但实际上它的效果远不止于此。它让原本“硬邦邦”的工业画面变得“有趣”“有生命”，在潜移默化中让用户加深了对企业和产品的印象，也为后续的转化打下了很好的基础。

可以说，这是一个既能获取流量，又能实现软性品牌输出的内容策略，非常适合当前短视频时代的传播节奏。总结如下。

（1）时长控制：20 秒左右。

（2）镜头建议：多镜头剪辑。

（3）配音配乐：使用平台热门音乐。

（4）内容重点：结合热点或“流行梗”，如节日、话题、挑战。

（5）观看体验：熟悉感 + 好奇心。

6.3　Shorts 内容方向与实操建议

在视频拍摄过程中，我们不能仅仅停留在拍摄上，还需要注重节奏把控、计划性和方向性。特别是短视频创作，其节奏的重要性远超我们的想象。为此，我提供一个实用建议：每周拍摄 4 条短视频，围绕 4 个核心方向展开，这样既能保持内容输出的稳定性，又可避免创意枯竭，更重要的是易于执行。

6.3.1 Shorts 四大内容方向

1. 展示类视频

这类视频的核心，是让用户一眼就明白你是做什么的，同时传递出你有实力（工厂设备先进、产能充足）、有内容（流程清晰、信息真实）、有工厂（实体场景可见、信任感强）。比如，机器高速运转的镜头、产品打包发货的画面，或是工人专注调试机器的场景——这些日常片段其实最能打动用户，因为大家对真实的生产幕后总是充满好奇。

2. 应用类视频

单纯强调产品优势是不够的，必须向用户展示产品的应用场景、使用方法和实际效果。比如，客户安装我们的设备后可以节省多少人力成本，小型工厂使用我们的系统后实现了出货量翻倍，这些才是最具说服力的内容。

3. 故事类视频

人与人之间是通过故事建立连接的，品牌同样如此。我们可以讲述创始人的创业历程，记录一位老员工的日常工作，或是展示用户对产品从“半信半疑”到“真心认可”的转变过程。这类视频最能引发情感共鸣，也最有助于赢得用户信任。

4. 热点类视频

短视频平台本质上就是一个“情绪场”“热点场”。如果不懂借势热点，就像打仗不上弹药。前文提及的案例——将热门音乐与工厂生产节奏相结合进行剪辑，正是这种类型的典型代表。你不必完全追随热点话题，但在音乐选择、节奏把控和形式创新上，必须与时俱进。

6.3.2　实操建议

如何快速制作视频而不依赖剪辑师？很多读者会说：“老师，我没有剪辑师，也不会拍短视频。”我想说的是：“你既然能用手机刷短视频，为什么不能用手机拍短视频呢？既然能用手机拍往朋友圈发的视频，就一定能用手机拍摄在 YouTube Shorts 上发的视频。”

需要的设备很简单：一部手机，再加一个三脚架或手机支架，我们日常用的支架就行。

关于拍摄方法，我给大家几个实用建议。

（1）固定角度拍摄：比如机器正面、操作台、打包发货区。

（2）多角度拍摄：别怕重复，同一个场景换 3 个角度拍摄，素材就够用了。

（3）注意光线：避免逆光，最好在自然光下拍摄，光线太暗就用一个小补光灯。

拍摄内容建议如下。

（1）工人上岗、设备调试、机器运转。

（2）产品出货、打包、装车，以及客户验收。

（3）工作对话、操作细节。

如何判断短视频是否成功？如果发布完视频就不管不问，那不是在运营频道，而是买彩票。还是那句话，关键看数据，看用户是否“被吸引”、是否“看完”、是否“产生兴趣”。也就是下面介绍的三个最关键指标。

（1）完播率，是指视频的播放完成率，即能够完整看完的人数比例。平台最喜欢高完播率视频，说明其内容有吸引力。完播率超 60% 的视频就有被平台推荐的机会。

（2）平均观看时长，是指用户在观看视频时停留的平均时间。即使是短视频，让用户多停留几秒也能获得平台更多推荐。再次强调，视频的前 3 秒必须吸引眼球。

（3）互动率，反映用户对视频的点赞、评论、转发等互动行为与总播放量的比例关系。互动带来热度，不妨在视频结尾引导用户互动：“你觉得这款产品能解决你的问题吗？”或“机器运转像在跳舞吗？”用户喜欢这样的互动。

第 7 章

五种实用型长视频脚本结构

很多读者反映，短视频容易拍，但一到长视频就犯难——不知道如何拍摄制作，觉得太长制作难度大，太短又缺乏深度。最终往往呈现出来的效果就是：内容平淡无奇、信息量不够、节奏松散拖沓，结果连“看完的人”都寥寥无几，更不用说实现“转化”了。

但其实只要掌握一套系统化的长视频脚本结构，一切都能变得简单。本章，我就把我们团队经过验证的五种实用型长视频脚本结构完整拆解给大家。这些结构适用于制作知识类、产品类和品牌类视频，特别适合想在 YouTube 长视频领域“获取流量、建立信任、实现转化”的创作者使用。

为什么要套用结构，而不是自由发挥？我们服务过的跨境电商卖家、制造企业和个人创作者普遍存在一个误区：认为视频内容可以“即兴发挥”。但实际情况是：你讲得越随意，用户越容易分心；你讲得越有章法，用户就越容易看完并产生购买产品的意愿。

读完本章，你只需选择一个模板，把产品卖点或专业知识填充进去，视频就会变得逻辑清晰、节奏明快、重点突出，不仅能吸引用户看完，还能让他们产生信任，甚至促成交易。

7.1 YouTube 长视频获取流量的逻辑

很多读者误以为，YouTube 长视频只要“拍得精美、剪辑炫酷”，就能获得播放量，事实并非如此。真正决定长视频表现的是三大流量来源：搜索流量、推荐流量和订阅流量。这三种流量如同长视频的三条“生命线”，每一条生命线都有其独特的运营方法。

7.1.1 获取搜索流量是最适合新手起步的方式

当用户在 YouTube 搜索“如何安装监控摄像头”“电焊机怎么选”“如何通过 YouTube 赚钱”时，这些搜索行为反映的不是娱乐需求，而是明确的解决问题需求。只要你的视频标题、视频说明、关键词和字幕包含这些关键词，平台就可能将你的视频推荐到搜索结果前列。

搜索流量的核心要素是什么？是关键词匹配度和内容相关度。因此，你的视频必须能够解答问题、解决实际痛点、提供实用干货。举例来说，如果你拍摄的是“太阳能板串联和并联的选择方法”，那么你的视频文件名、视频标题、视频说明、缩略图文件名、标签和字幕都应该包含这些关键词，这样平台才能准确识别并精准推荐。

7.1.2　推荐流量是爆款视频的流量来源

平台会根据用户的兴趣偏好、观看时长和互动数据来判断："这条视频适合推荐给哪些用户？"当你的视频点击率高，观看时长长，点赞数、评论数和订阅量高时，平台就会将其推荐到 YouTube 首页，甚至作为其他视频结束的后续推荐视频，从而带来指数级增长的播放量。

推荐流量的五个核心维度是：点击率、观看时长、点赞数、评论数和订阅量。因此，长视频必须结构清晰、节奏明快，并设置吸引用户继续观看的"钩子"，避免用户只看十几秒就离开。

7.1.3　订阅流量是"私域资产"

当视频积累了一定基础流量后，如果用户认可我们的内容，就会选择订阅我们的频道。这样当新视频发布时，YouTube 会优先推送给这些订阅用户，确保他们第一时间看到并点击观看。因此，订阅流量的本质是通过信任建立的观看行为。很多 B 端用户往往是在连续观看我们的 3 ~ 5 条视频后，才会做出判断："这个创作者靠谱。"进而建立长期联系。

这三种流量需要组合运用：通过热门关键词获取搜索流量，凭借优质结构和吸引点赢得推荐流量，持续更新内容建立信任关系来获得订阅流量。当我们能够同时掌握这三种流量的获取方式时，就真正掌握了 YouTube 长视频运营的核心策略。

很多人觉得长视频难做，难点在于“缺乏结构和规划”——不知道如何制作视频，也没有明确方向。但只要理解了平台的流量分发机制，接下来介绍的五种实用型长视频脚本结构，就能帮助大家精准对接这三种流量，并逐步制作出既有观看量又能带来成交转化的视频内容。

7.2 用对脚本“结构”，长视频效果自然来

对于大多数初做 YouTube 长视频的创作者，我强烈建议从以下五种脚本结构开始入手。

（1）热门文章讲解型（知识类视频）。

（2）vlog 实拍型（真实代入感类视频）。

（3）常见问题解答型（FAQ 类视频）。

（4）产品安装教学型（教程类视频）。

（5）工厂或品牌介绍型（信任建立类视频）。

这五种脚本结构都经过长期实践验证，是行之有效的高效模板。它们之所以值得优先采用，是因为具备以下五大优势。

第一，结构清晰且高度模板化。每种脚本结构都有明确的表达

逻辑和镜头节奏，我们不需要从零构建内容框架，只需将现有知识、案例和产品信息“填充”到结构中就能快速产出视频。就像写作有“总分总”的通用结构，这些就是长视频制作的“内容模板”。以热门文章讲解型脚本结构为例，可以直接选取爆款文章进行结构化讲解；而对于产品安装教学型脚本结构，只需按步骤拍摄并添加解说，就能生成完整的教学视频。

第二，内容真实性强，更符合平台推荐机制。YouTube 算法更偏好推荐“信息密度高”“内容可信度高”“画面真实自然”的视频。这五种脚本结构天然具备这些特质，其重点在于传递知识和展示实际场景。只要确保内容讲解清晰、不夸大其词、不作假，就更容易被系统识别为“优质内容”，从而获得更多推荐流量。

第三，对表现力要求低，素人也能轻松驾驭。这五种脚本结构不像剧情类或脱口秀类视频那样需要出镜者具备出色的表达能力或镜头表现力，他们不需要会表演、不需要擅长讲段子，也不必露脸或刻意耍帅。无论是工厂负责人、行业培训师还是售后技术专家，只需分享专业知识和真实工作场景，就能制作出完整且有价值的视频内容。

第四，这些结构具有极强的可复制性和扩展性，适合长期规模化生产。比如，使用产品安装教学型脚本结构拍摄完一款产品的视频后，可以快速复制到其他产品型号上；采用常见问题解答型脚本结构制作了一条“如何注册账号”的视频后，还能顺势开发封面设置、后台配置、广告开通等系列内容。这些结构的存在本质上是为了实现内容批量生产，最终积累成可持续的“内容资产”。

第五，同时具备流量吸引力与商业转化力。很多视频要么只有流量没客户，要么太商业化没人看，而这五种脚本结构都能平衡“内容价值”和“转化潜力”。

这些视频结构不是“拍着玩儿”的，而是实打实为“吸引客户 + 完成转化”而设计的内容模型。你不需要依赖灵感拍视频，只需要选定结构、反复练习，就会越拍越顺。结构决定效率，效率“堆”出结果。建议你从这五种脚本结构中选两种开始练起，拍熟了，自然就会有流量、有客户找上门。

7.2.1 热门文章讲解型（知识类视频）

首先要介绍的是最容易上手、最容易“跑”出自然流量的长视频脚本结构：热门文章讲解型。什么是热门文章讲解型脚本结构？简单来说，就是不需要自己去创造一篇专业水准很高的文章，而是从网络上找到热门的、有搜索量的、专业性强的文章（在视频中要说明文章作者是谁），用自己的通俗易懂的文字去进行解读、分析，做成 10 分钟左右的视频。

这种脚本结构之所以流量高，原因就在于做对了两点：有热门关键词和有用户需求。我们在 YouTube 上发布了很多这类视频，复盘后发现它们的自然流量来源非常稳定，在科技、制造、教育和工程类赛道，表现尤其明显。

第一，因为热门文章本身已经符合 SEO 逻辑，它的标题、话题、内容结构和关键词，都是为了解决某个具体问题而设计的。

第二，因为知识类内容在 YouTube 平台本身就是长期稳定的热门内容类型，平台喜欢、用户愿意看，而且生命周期非常长。

我曾经指导过一位学员，他自己撰写了一篇关于“太阳能板串联与并联差异”的英文技术文章，这篇文章在 Google 上的自然搜索排名非常靠前，已经被市场证明具有专业性和参考价值。在我的建议下，他把文章改编成了讲解视频：画面就是主讲人站在工厂里，边讲边配图，背景简洁，全程几乎没有剪辑。结果这条视频不仅获得了平台推荐，还获得了数万次播放量。

而这类视频一旦发布，就具备持续吸引“精准流量”的能力：搜索“太阳能板是串联好还是并联好”的用户，本身就是对这类主题感兴趣的潜在用户。

对这类视频的拍摄建议如下。

（1）时长建议：10 分钟左右，内容不宜太短，要有干货。

（2）视频风格：人物口播 + 辅助素材（如截图、图片、引用原文）。

（3）背景音乐：可省略，用真实环境音或干净的人声即可。

脚本结构（适用于大多数）参考如下。

（1）开头：前 30 秒告诉用户“通过这条视频你能学到什么”（引发兴趣）。

（2）中段：围绕文章的主要逻辑，讲解三到五个重点。

（3）结尾：套用公式——总结要点 + 提出互动问题 + 引导评论或咨询（比如“你觉得并联更适合你们公司吗”）。

这类脚本结构适合专业型创业者（例如懂技术的老板）、有客服经验的销售人员（能够将客户问得最多的问题讲出来）及想打造专家形象的人（想用内容积累信任）。

所以我给读者的建议是，如果实在不知道从哪里开始写长视频脚本，那就从“找一篇行业热门文章”开始。你只要认真看、读懂、讲出来，一条高质量的视频就完成了。它不需要拍摄技巧、不需要剪辑特效，只需要你说得清楚、讲得专业、关键词“对路”。这类视频还能循环使用，把同一话题拆成系列视频，非常适合长期内容运营。

扫描下方二维码观看来自“Maddox Transformer”频道的视频案例（见图 7.1，视频内容为节选）。

图 7.1

7.2.2　vlog 实拍型（真实代入感类视频）

第二种长视频脚本结构我推荐 vlog 实拍型。因为这个类型有一个核心优势——有真实感。现在的用户已经看腻了“摆拍”和“套路剪辑”，反而会被那种“像生活”“像现场”的视频深深吸引。而用这种脚本结构制作出的视频，恰恰就是用镜头带用户“进入一个真实的场景”，让人产生强烈的代入感和沉浸感。

先来看第一个案例，扫描以下二维码（见图 7.2）观看来自“RYUCAMP”频道的视频案例（视频内容为节选）。这是一段露营 vlog 画面，画面中博主正在用便携炉具烧水，没有炫技的拍摄手法，全程保持真实自然的视角和环境音效。没有背景音乐、没有旁白解说，只有柴火燃烧声、风吹树叶声和水沸腾声……这正是 vlog 的魅力所在。

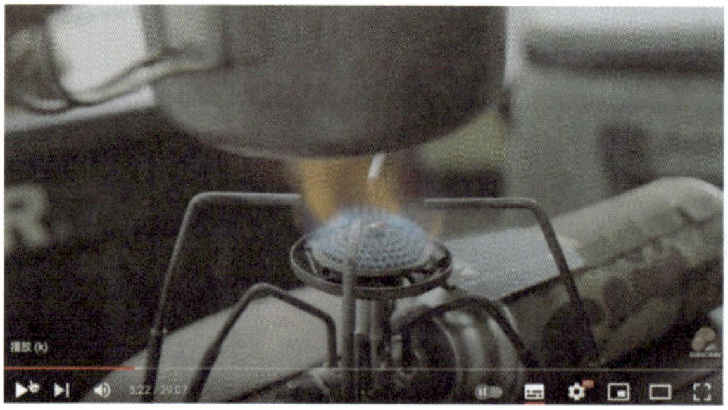

图 7.2

很多用户其实很少去露营，可能缺时间、装备，或者合适的场地，但他们喜欢看、喜欢“感受”露营的氛围。这些博主用 vlog 的方式完整记录下自己的露营场景，让人仿佛“身临其境”地参与其中。

再来看第二个案例，扫描以下二维码（见图 7.3）观看来自“Factory Monster”频道的视频案例（视频内容为节选）。十分钟的视频，全程实拍生产线，从机器运转、金属切割到包装装箱，一镜到底记录了完整的生产流程。这条视频播放量接近 300 万次，而且并非工厂官方发布，而是由个人博主拍摄的。没错，拍摄者并非工厂员工，却通过拍摄工厂视频获得了可观流量。

图 7.3

这背后的逻辑是什么？用户对“工厂的生产现场”有着天然的好奇心，特别是制造过程本身的机械美感、节奏感和工业氛围，能给人带来强烈的“秩序感”和“专业度”。

为什么我们一定要拍这种类型的视频？我想对所有开工厂的读者说：“你们手上握着的，是别人要花钱才能借到的流量素材。”别人没有工厂都在拍工厂 vlog，而我们自己身处一线生产现场，有场地、设备、生产流程、原声环境，却从没认真拍过一支完整 vlog，这是不是浪费资源呢？

所以我强烈建议读者：哪怕拍得不完美，只要展示的是真实的生产过程、真实的现场声音、真实的工作场景，就已经领先大多数人了。

对这类视频的拍摄建议如下。

（1）时长建议：10 分钟。

（2）风格建议：实拍，避免讲解，保持现场感。

（3）背景音乐：不需要。

（4）音效设置：保持现场环境音，如流水线声音、工人脚步声、机器启动声。

（5）镜头运用：可以用手机或稳定器，记录生产流程的全过程。

脚本结构参考如下。

（1）开场：直接展示工厂实景画面，不用过多铺垫。

（2）中段：跟据生产流程，记录关键环节，比如“送料 → 切割 → 打包”。

（3）结尾：画面自然收尾，不用刻意总结，重点是营造“沉浸式体验感”。

这类脚本结构的最大价值不是让你讲多少知识，而是让用户“看见你的实力”。

7.2.3 常见问题解答型（FAQ 类视频）

第三个视频脚本结构是我们在实战中反复验证过的、效果极佳的一种类型：常见问题解答（FAQ，Frequently Asked Questions）型。这类视频的核心价值就是围绕用户最关心的问题，用专业的方式给出准确、清晰的解答。扫描下方二维码（见图7.4）观看视频案例。

图 7.4

这类视频之所以能获得稳定流量，是因为它完美契合平台的搜索机制。当用户在使用产品或服务过程中遇到问题时，第一反应往往不是联系客服，而是直接在 YouTube 或 Google 上搜索。当你的内容恰好出现在搜索结果中时，就天然具备了信任优势。

比如，在运营 YouTube 账号时，用户经常搜索“PIN 码如何验证”“怎样开通获利功能”“账户被标记为黄标，如何处理”等问题。如果你的视频能针对这些关键词提供详细解答，用户不仅会完整观看，还可能立即采取行动，如留言互动，甚至直接私信咨询。

此外，这种脚本结构还有一个隐藏优势：特别适合制作长视频。相比短视频对节奏的极致要求，这类视频本身就要求讲解清晰，用户也更愿意花时间完整观看。因此，这类视频往往能轻松突破 8 分钟的平均观看时长，有的平均观看时长甚至达到 10 ～ 15 分钟，所以说，它是非常理想的变现型脚本结构。

在实际拍摄方面，这类视频不需要高成本投入。找一个安静的场合，保持画面干净、声音清晰即可，人物出镜讲解能进一步增强信任感。建议使用固定机位并一镜到底，不需要复杂的剪辑处理。

一个完整的常见问题解答型脚本结构，可以分解为以下几个步骤。

（1）明确问题：开头直接给出本期要解答的具体问题。

（2）背景说明：解释该问题产生的原因或常见应用场景。

（3）解决方案：用 1 ～ 3 个逻辑清晰的步骤提供具体解决方法。

（4）案例示范：适当穿插实际案例，增强内容说服力。

（5）互动引导：结尾加入引导语，比如“如果你也遇到类似问题，欢迎留言交流”。

值得一提的是，使用这类脚本结构制作的视频，不仅能作为单条视频发布，还可以构建系统化的内容系列，比如“新手必看十问十答”“跨境电商十大常见‘坑’”“老客户最常咨询的五个问题”等。每一条视频都是精准的流量入口，是建立用户信任和实现转化的机会。

可以说，常见问题解答型脚本结构是连接“用户搜索意图”和“商业价值实现”的最佳桥梁。你解答得越专业、越聚焦用户痛点，用户对你的信任度就越高，转化自然水到渠成。

7.2.4 产品安装教学型（教程类视频）

第四类脚本结构是最容易形成标准化模板、最容易快速复制产出的内容形态之一，我们称之为“产品安装教学型”脚本结构。这类视频的核心价值就是通过清晰、流畅的安装流程展示，让用户既看得懂操作步骤，又能感受到你作为商家或品牌方的专业水准和服务态度。

特别是在出口型制造企业、B2B 跨境品类中，这类“非娱乐化”的实用教学内容反而具备极高的流量价值和客户黏性。当用户在搜索产品名称时，如果能同步看到详细的安装操作视频，往往会立即增强对产品的信任感和购买意向。

在我们服务的客户案例中，许多原本不擅长拍摄视频的企业，在尝试制作这类视频后，流量迅速增长，甚至形成了“安装视频带动销售”的转化闭环。

这种脚本结构的最大优势在于，完全不需要“创意构思”或“复杂剪辑”。它以“流程清晰、细节明确”为核心，拍摄时只需使用手机实拍并配合简单解说即可。而关键要做到三点：流程顺畅、讲解清晰、节奏平稳。

视频时长建议控制在 8 ～ 12 分钟。在视频的开始，用一句话点明视频目标；在中段，按实际步骤依次拍摄；在结尾处，强调常见问题和注意事项，或者加入轻引导：“如果在操作中遇到类似问题，欢迎在评论区留言”。

这类视频本质上是“教程”，但实际价值远超教学范畴。它同时承担着客户服务、建立信任、解决售前疑问等多重功能，是 B 端内容营销中性价比极高的优质内容方案。

7.2.5　工厂或品牌介绍型（信任建立类视频）

工厂或品牌介绍型脚本结构，是专门为“打品牌 + 建信任”而生的内容模式。与前面几种脚本结构强调“吸引流量”不同，这种结构的最大价值是，当用户有意向了解你时，你可以第一时间输出企业实力与专业形象，从而促成转化。

对于很多中小型制造商或出口工厂而言，当用户在进行供应商筛选时，他们最关心的往往不是你是否拍过视频，而是你是否真实、专业和靠谱。而一条简洁明了的工厂介绍视频，恰好能帮助你在用户心中迅速建立专业形象。

这类脚本结构非常清晰，建议按照以下三个部分展开。

（1）自我介绍：我是谁？我们做什么？简要介绍公司或品牌背景、主营产品线、服务客户群体。

（2）核心优势：我有什么优势？为什么选择我？展示生产流程、设备细节、检测流程、包装细节等，重点突出“我比别人强在哪里”。

（3）价值主张：我能为你解决什么问题？结合实际客户案例或使用场景，输出你的服务能力、响应速度或定制化能力等信息。

这类视频在拍摄时不需要复杂创意，采用现场实拍、配合人物解说就能完成。建议时长控制在 5 ~ 10 分钟，保持背景简洁、解说自然，拍摄视角尽量覆盖“人、货、场”三大要素。它的核心作用是让用户在观看完前 30 秒就能确认：你是值得进一步联系的对象。

特别是在跨境获客场景中，当用户在完成搜索或被推荐内容吸引后，往往会进入你的频道主页查看更多信息，而这类介绍视频就是频道的“门面担当”，也在用户最终决策前起到“信任背书”的作用。

产品安装教学型脚本结构和工厂或品牌介绍型脚本结构各有侧重，一个偏向“实用教学”，一个侧重“品牌展示”，它们各自发挥着不同的作用。如果能够搭配使用、长期产出，不但能稳定获取流量，还能不断积累信任资产，促使用户完成从“浏览了解”到“最终成交”的完整闭环。

真正能够持续产出优质内容的人，从来不是凭灵感和运气，而是掌握了背后的结构逻辑。当我们理解了视频创作的本质——用结构解决效率、用结构“对齐”用户需求时，流量和转化就不再是碰运气，而是可预期的结果。

第 8 章

YouTube 广告投放

YouTube 广告投放并非没效果，而是很多人用错了方法。广告是“放大器”，不是“提款机”。你的视频内容质量越高、结构设计越精准，广告带来的放大效应就越显著。

8.1 YouTube 广告投放核心逻辑

本节让我们重新认识YouTube广告的本质，让广告投放回归“运营逻辑”。很多读者一提到YouTube广告，第一反应就是“烧钱”“没效果”。甚至不少人已经尝试过投放，但最终反馈却是：花了钱却看不到客户和效果。他们普遍的心态是：“我投入1000元，为什么连一个客户都没带来？”于是对这个广告平台逐渐失去信心，认为“这个渠道不靠谱”。但真相其实是，广告并非无效，而是你还没真正理解YouTube广告的底层运作逻辑。

YouTube广告投放与传统广告投放的逻辑完全不同。很多做B端生意的读者之前投放的广告要么是阿里的P4P，要么是Google关键词搜索广告。这类广告的特点很明确：“点击一次才扣费，有需求才会点击，有点击就能获得客户线索。”这是一种非常直接、理性的广告模式——投入多少预算，基本就能看到相应数量的询盘或成交机会。

但YouTube广告不是搜索广告，而是信息流广告。它不是被动等待用户搜索你，而是平台基于算法主动将你的视频推荐给“感兴趣的潜在用户”。

这意味着什么呢？用户可能当下没有需求，可能未来才会需要，可能只是随意浏览而非有强烈兴趣。这就解释了为什么你投入广告费后没有立即看到用户转化：因为平台推送给了“潜在用户”而非“刚需用户”。

信息流广告需要的是“长期运营加以配合”，而非“短期换取询盘”。因此我们必须重新认识这件事：YouTube 广告不是在帮你“寻找客户”，而是在帮你“培育用户”。这就像播种一样，需要通过内容、标签、用户反馈逐步完善用户画像，才能触发后续的自然推荐和最终转化。

那么我们该如何进行有效投放呢？我来为大家解析两种核心的广告类型。

8.1.1　插播型广告

插播型广告就是我们最常见的“片头可跳过的广告”，专业术语叫 In-Stream 广告。用户在观看其他视频前，平台会强制播放你的视频广告，如果用户感兴趣点击，页面就会跳转到你的网站或落地页。它的计费方式有两种——按点击数计费，或者播放时长超过 5 秒计费。

因此这类广告的关键点不在于投放量有多大，而在于你的“视频本身”是否具备营销力。

我们发现很多人投放插播型广告效果不佳，问题不在于平台推送的用户不精准，而是你的视频缺乏“促使用户产生点击的冲动”。

插播型广告必须解决以下三个核心问题。

（1）前 10 秒能否“钩”住人（是不是有痛点描述、场景化描述和代入感）？

（2）中间内容是否提供价值（是不是有干货、专业度，是否可信）？

（3）结尾是否有行动引导（有没有明确告知用户下一步怎么做）？

如果你的视频只是简单介绍“我们是XX厂商，我们做XX产品”，用户只会做一件事：立即跳过。所以，插播型广告的关键不在于投放技巧，而在于内容本身。你的视频不能只是单纯的广告，而要像一次精准的客户沟通——“钩子”、内容、引导，三者都要做到位。

8.1.2 展示型广告

展示型广告属于推荐型广告，专业术语叫 Display 广告，其运作逻辑类似抖音的 DOU+。很多人制作了优质视频，内容有深度、节奏把控得当，但由于账号太新、粉丝数太少，系统初始推荐量较少，又因为用户互动数据不高，平台最终停止推荐该视频。

这时就可以使用展示型广告，让你的视频快速“触达目标人群”。举例说明，假设你的视频内容是工业设备安装教程，你可以精准定向：40 岁以上男性、机械行业从业者、东南亚地区用户。

通过广告，让这批潜在人群看到视频，然后平台会根据他们的观看时长以及点赞数、评论数等互动数据，逐步识别你的内容标签，最终触发自然流量推荐。这就像 DOU+ 机制，你不是“花钱购买曝光”，而是“花钱买一次机会，让平台认识你是谁”。

YouTube 广告≠独立存在的工具，我一直强调一个观点：广告不能脱离运营独立运作，扎实的运营才是广告产生效果的基础。你不可能指望投入几千元广告费，就能直接“砸”出客户。但如果你的视频结构合理、节奏把控得当、人设定位清晰，那么广告就会成为你快速获取流量、加速成交进程的超级助推器。

因此我建议大家，在初期阶段不要过度关注 ROI，而应该优先完善内容结构和受众匹配度；广告投放的首要目标不是成交，而是要快速触达潜在用户、获取有效数据反馈和优化运营策略。只有当运营基础打得足够牢固时，广告才能帮助你获得稳定持续的流量推荐。

8.2　YouTube 广告投放实操演示

本节给大家演示 YouTube 广告的投放步骤。

第一步，打开浏览器输入 Google ADS 官网地址，使用你的 Gmail 账号登录。如果是首次登录，需要创建广告账户，若之前投放过 Google 关键词广告则无须重复注册，可直接使用原有账户，因为 Google 广告和 YouTube 广告属于同一系统。登录后创建广告系列，在“您的广告系列目标是什么？”中选择“认知度和考虑度”选项（见图 8.1）。

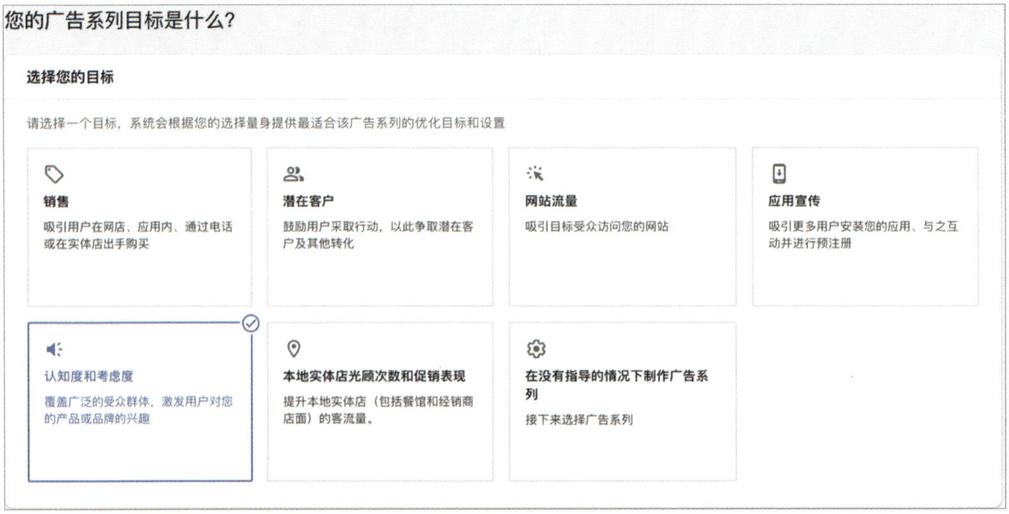

图 8.1

第二步，系统会自动跳转到“选择广告系列类型”界面，在这里我们直接选择“视频”选项即可（见图 8.2）。

图 8.2

第三步，系统会继续自动跳转到“多格式广告”界面，这里可以勾选“可跳过的插播广告”“信息流广告”以及新增的“Shorts 广告”选项（见图 8.3）。

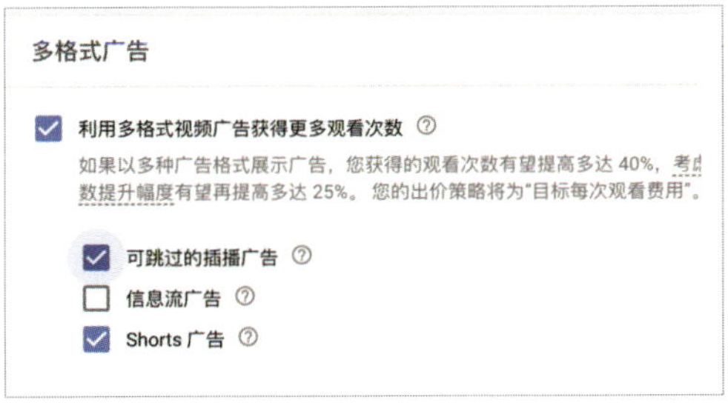

图 8.3

第四步，选择投放网络，这里建议只勾选“YouTube”选项，“Google TV”和“Google 展示广告网络中的视频合作伙伴”选项都需要手动取消勾选（见图 8.4）。

图 8.4

第五步，设置“预算和日期”，根据实际需求设定本次广告投放的总预算。建议前期先进行小额测试，观察数据反馈，再逐步追加预算（见图 8.5）。

图 8.5

第六步，选择广告投放的“地理位置”。这里支持多选，如果前期不确定具体市场，可以选择“所有国家和地区”（见图 8.6）。

图 8.6

第七步，选择目标用户使用何种语言，和上一步类似，可以单选也可以多选，当然也可以选择所有语言（见图 8.7）。

图 8.7

第八步，进入“受众群体”界面，这里不详细展开（见图 8.8）。

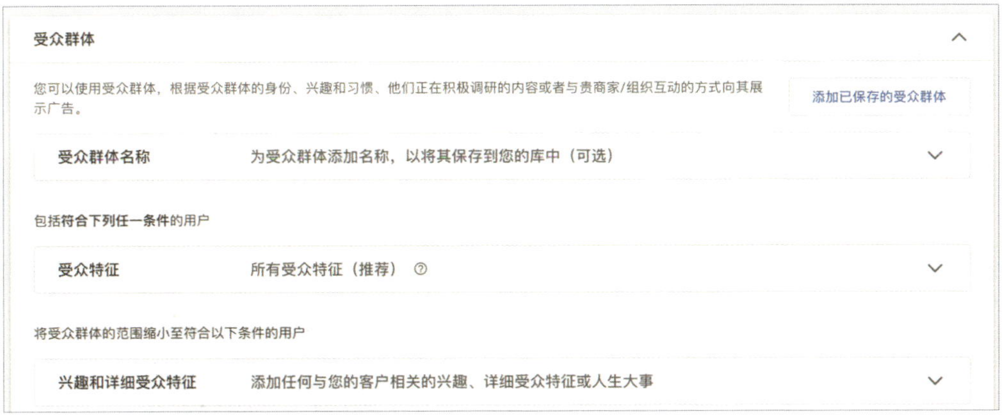

图 8.8

第九步，进入“内容：您希望自己的广告展示在何处”界面，可以细化，选择“关键词”、“主题”或“展示位置”，也可以暂时不填（见图 8.9）。

图 8.9

第十步，复制你要投放的视频广告链接并粘贴到指定位置，系统会自动识别视频内容。同时需要填写最终跳转的网址，可以是独立站、产品落地页或 YouTube 频道页等。在右侧预览区，可以实时查看“信息流视频广告”和“插播广告”的展示效果［见图 8.10（a）（b）］。

您的 YouTube 视频
最多添加 5 个视频。通过采用不同屏幕方向的视频来提升广告系列的效果。
最难拍的广告 | 导演被迫营业 | you...
上传者：孟想研究院 · 观看次数：25,497
最难拍的广告，导演也被迫营业做广告了...
02:12
添加竖屏视频。竖屏视频可在 Shorts 上获得两倍的观看次数。
搜索视频，或粘贴 YouTube 上的相应网址
您采用的是多格式视频广告
多格式视频广告会从多种广告格式中选用效果最好的格式来展示您的视频，帮助您以更低的每次观看费用获得更多观看次数。您可以在广告系列设置中停用多格式视频广告。
http://
最终到达网址
必填项
YouTube
信息流视频广告
手机上的示例：您的信息流视频广告在 YouTube 上的呈现外观
YouTube
长标题

（a）

您的 YouTube 视频
最多添加 5 个视频。通过采用不同屏幕方向的视频来提升广告系列的效果。
最难拍的广告 | 导演被迫营业 | you...
上传者：孟想研究院 · 观看次数：25,497
最难拍的广告，导演也被迫营业做广告了...
02:12
添加竖屏视频。竖屏视频可在 Shorts 上获得两倍的观看次数。
搜索视频，或粘贴 YouTube 上的相应网址
您采用的是多格式视频广告
多格式视频广告会从多种广告格式中选用效果最好的格式来展示您的视频，帮助您以更低的每次观看费用获得更多观看次数。您可以在广告系列设置中停用多格式视频广告。
http://
最终到达网址
必填项
YouTube
插播广告
电脑上的示例：您的可跳过的插播广告在 YouTube 上的呈现外观
YouTube
跳过广告
example.com

（b）

图 8.10

第十一步，设置“出价”策略，点击“制作广告系列”按钮完成设置。提交后等待平台审核，审核通过后广告将自动开始投放(见图 8.11)。

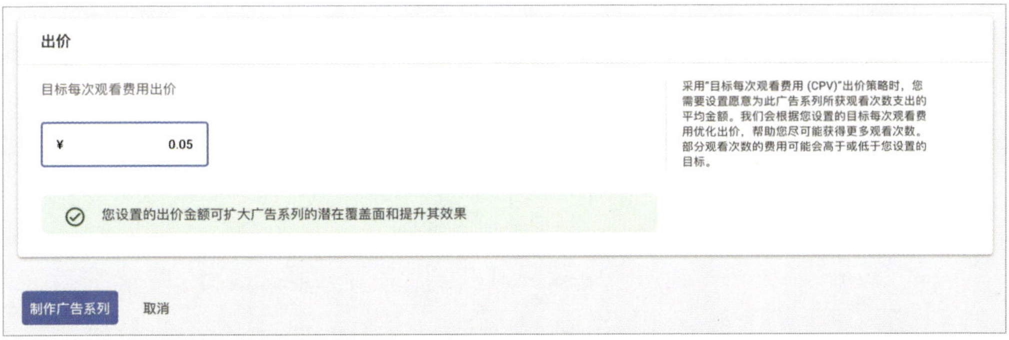

图 8.11

插播型广告是快速实现页面跳转的利器，展示型广告是加速内容“出圈”的通道。两种模式配合使用，效果远胜于单纯“花钱买询盘”的传统做法。所以从今天开始，不要再问“投入 1000 元能不能带来客户”，而应该思考：“这条视频能不能让用户观看后觉得我靠谱？”

内容是内功，广告只是武器。当你把内容这个“内功”练扎实了，自然能够借助 YouTube 广告打出漂亮一仗。

后记
重构 YouTube 运营规则

我想向你介绍我们正在做的一件重要的事——不仅是教你玩转 YouTube，更是教你用一套系统化的方法，把视频变成流量，把流量变成订单。

1. YouTube 金牌运营课（系统线上课）

经过 9 年实战打磨，我们开发出一套完整的视频营销闭环体系。这不是普通的操作教程，而是一套经过验证的 YouTube 获客方法论——从零基础起步，如何快速搭建属于自己的 YouTube 营销系统。这门课程专为想要通过 YouTube 打开海外市场的外贸企业、跨境团队、短视频从业者和营销服务商而打造。

本课程具有以下三大核心特色。

（1）以实操为导向，手把手带你从零开始构建完整的

YouTube 运营体系。

（2）独家多语种 SEO 策略，助你精准获取全球高价值流量。

（3）注重结果，确保从内容创作到询盘转化的完整闭环。

这门课程专为没有团队、缺乏资源和经验的学习者设计，通过系统化的内容规划与实用工具方法，帮助你从账号搭建、内容创作、流量获取到客户转化，构建起完整的视频营销闭环体系。这门课程旨在解决三大核心问题。

（1）即使不会拍摄视频、不懂剪辑技术，也能快速上手并发布高质量视频。

（2）针对视频有播放量但缺乏精准流量的问题，课程将教授关键词矩阵搭建方法，系统化布局全球流量入口。

（3）对于视频有流量但无法有效转化询盘的情况，课程提供完整的成交模型与转化路径，实现高效变现。

你可以把它理解为一条视频版的获客系统建设指南，如果你希望了解更具体的课程内容、案例或学习路径，可以扫描二维码，关注公众号“孟想研究院”，添加助理微信详细咨询。

2. YouTube 陪跑服务（进阶定制）

除了课程体系，我们还特别提供进阶陪跑服务。这项服务专为希望深度实践知识的读者打造，由我们的专业团队全程指导和陪伴，协助你完成从账号诊断、内容规划、流量增长到转化路径搭建的全过程，最终建立起完整的 YouTube 商业变现体系。

这项服务的核心优势在于，由实战团队亲自指导，确保你少走弯路，通过专属内容规划帮你节省试错时间，系统化构建从流量到客户的完整闭环路径，并科学推进执行方案以提升运营效率。

我们希望通过陪跑服务将复杂的运营流程落到实处，助你快速实现变现目标，如需了解详细陪跑流程及申请方式，可以扫描二维码，关注公众号“孟想研究院”，添加助理微信详细咨询。

3. 孟想老师 YouTube 咨询服务（全年指导）

如果你已经具备一定基础，只是需要一位懂行的人随时为你把关和提建议，我们的咨询服务会非常适合你。这项服务不受阶段限制，全年为你提供专业指导——无论是内容定位、流量策略、转化设计、账号风险还是变现逻辑，遇到任何运营问题都可以随时咨询。我会根据你当前的发展阶段和目标，提供最合理的解决方案。

这项服务的本质是让你身边随时有一个专业顾问。无论是规划策略，还是避坑修正，我都会为你把方向、稳节奏，提升每个关键节点的决策效率。因为有时候，一个关键点的建议，就能让你的 YouTube 频道发展走上完全不同的路径。

我们深知，在 YouTube 平台运营账号，不是靠灵感取胜，而是靠系统和策略。所以，不论你处在哪个阶段，我们始终愿意陪你一起走得更远。

而我写这本书的目的，不是让你照着方法试运气，而是给你一把打开 YouTube 长期盈利大门的钥匙。不管你是刚开始了解 YouTube，还是已经在运营频道，如果你愿意用系统的方式去规划内容、管理流量、实现成交，那么这条路，我们已经为你铺好了。你不需要一个人走，我们会陪你走完整个过程。